Von Hitler vertrieben, von Stalin verfolgt

Gertrud Pickhan / Maximilian Preisler

Von Hitler vertrieben, von Stalin verfolgt

Der Jazzmusiker Eddie Rosner

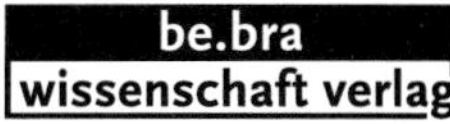

Bibliografische Information der Deutschen Nationalbibliothek
Die Deutsche Nationalbibliothek verzeichnet diese Publikation in der Deutschen Nationalbibliografie; detaillierte bibliografische Daten sind im Internet über http://dnb.d-nb.de abrufbar.

KulturBrauerei Haus 2
Schönhauser Allee 37, 10435 Berlin
post@bebra-wissenschaft.de
Lektorat: Matthias Zimmermann, Berlin
Satz und Umschlag: typegerecht berlin, Berlin
Schrift: Stempel Garamond 11/14,4 pt
Printed in Germany
ISBN 978-3-937233-73-4

www.bebra-wissenschaft.de

Inhalt

Vorwort

1910 wurde im jüdischen Migrantenmilieu des Berliner Scheunenviertels einer der bedeutendsten europäischen Jazzmusiker des 20. Jahrhunderts geboren: Eddie Rosner, der sich nach 1933 auf eine Odyssee durch ganz Europa begeben musste – getragen von seiner Musik und seinem herausragenden Talent als Jazztrompeter, Dirigent, Arrangeur und Komponist. In der Sowjetunion wurde er während des Zweiten Weltkriegs mit seinem vorwiegend aus geflüchteten jüdischen Künstlern bestehenden Jazzorchester rasch zu einem der populärsten Unterhaltungsmusiker, was jedoch nicht verhindern konnte, dass er 1946 bei dem Versuch, die Sowjetunion zu verlassen, im Gulag landete. In der »Tauwetterzeit« erneut in den Olymp der staatsozialistischen Estrada aufgestiegen, zog es ihn am Ende seines Lebens zurück in seine Heimatstadt Berlin, wo er 1976, verarmt und weitgehend unbeachtet, starb.

Dass der Name Eddie Rosner in Berlin fast vollständig in Vergessenheit geraten ist, muss verwundern – kommt seiner Lebensgeschichte doch eine paradigmatische Bedeutung für das 20. Jahrhundert zu: Flucht, Migration und ein Leben in zwei Diktaturen waren nicht nur für Rosner prägende Lebenserfahrungen. Sein rascher Aufstieg und tiefer Fall gingen einher mit einer außergewöhnlichen musikalischen Begabung und einem großen Charisma, das von zahlreichen Weggefährten bezeugt wird und Eddie Rosner viele Türen und Herzen öffnete.

Auch wir haben im Laufe unserer Beschäftigung mit dieser Ausnahmegestalt immer wieder die starke Faszination gespürt, die selbst nach Rosners Tod noch von ihm ausgeht. Diese Biografie ist der Versuch einer Annäherung an den Musiker und Menschen Eddie Rosner. Unsere Recherchen auf seinen Spuren führten uns in Berliner Archive, nach Moskau und nach Warschau. Zahlreiche Gesprächspartner lieferten Erinnerungen oder Details aus Rosners Leben. Damit sind aber auch die Gefahren der biografischen Forschung bereits genannt: Erinnerungen sind oft trügerisch, Angaben Außenstehender mitunter Kolportage. Nur wenig Archivmaterial ist überliefert; so wurde Rosners sogenanntes »Arbeitsbuch«, in dem seine Engagements in der Sowjetunion festgehalten waren, in den 1990er Jahren in Berlin auf bürokratische Anordnung »verschreddert«.

Zudem weist auch Pierre Bourdieu auf die grundsätzliche »biographische Illusion«[1] jeder linear erzählten Lebensgeschichte hin. Der Komplexität der Person wie auch ihrer Verortungen im sozialen Umfeld ist in einer Biografie, die ein Leben gleichsam in (eine logische) Ordnung bringt, kaum Genüge getan. Dennoch haben wir uns bemüht, Rosners Lebensweg mit all seinen Kontexten, Richtungsänderungen und Unstimmigkeiten nachzuzeichnen. Auch haben wir ihn aus zwei Perspektiven betrachtet: Der geschichtswissenschaftliche Zugang einer Osteuropa-Historikerin und die Expertise eines Musik-Journalisten und Autors stehen gleichberechtigt nebeneinander und fügen sich zu einer – so hoffen wir – überzeugenden Würdigung Eddie Rosners: als Ausnahmegestalt der europäischen Jazzgeschichte wie auch als bedeutender Berliner.

Unser Dank gilt all jenen, die durch wertvolle Hilfestellungen zum Gelingen unseres Vorhabens beitrugen. An erster Stelle sind die drei Töchter Eddie Rosners zu nennen. Erika Rosner Kovalick (Florida/Warschau), Irina Prokofieva-

Rosner (Frankfurt am Main) und Valentina Vladimirskaja-Rosner (Berlin) waren zu ausführlichen Gesprächen über ihren Vater bereit. Außerdem danken wir: Guido Abuys (Kampwesterbork), Joel Agee (New York), Aleksej Batašev (Moskau), Horst J.P. Bergmeier (Apeldoorn), Dirk Engelhardt (Berlin), Inna Klause (Göttingen), Volker Kühn (Berlin), Anatolij Kroll (Moskau), Peter Lange (Berlin), Barbara Schieb (Berlin), Uli Seifert (Berlin), Helga Simon (Berlin), Gleb Skorochodov (Moskau), Paul Steinbusch (Aachen), Karl Wesling (Bremerhaven), Stephan Wuthe (Berlin). Rückhalt und moralische Unterstützung gaben die Familie in Berlin und Paris (Maximilian Preisler) und die Freunde und Freundinnen in Berlin, Wien und Brüssel (Gertrud Pickhan) – auch dafür herzlichen Dank!

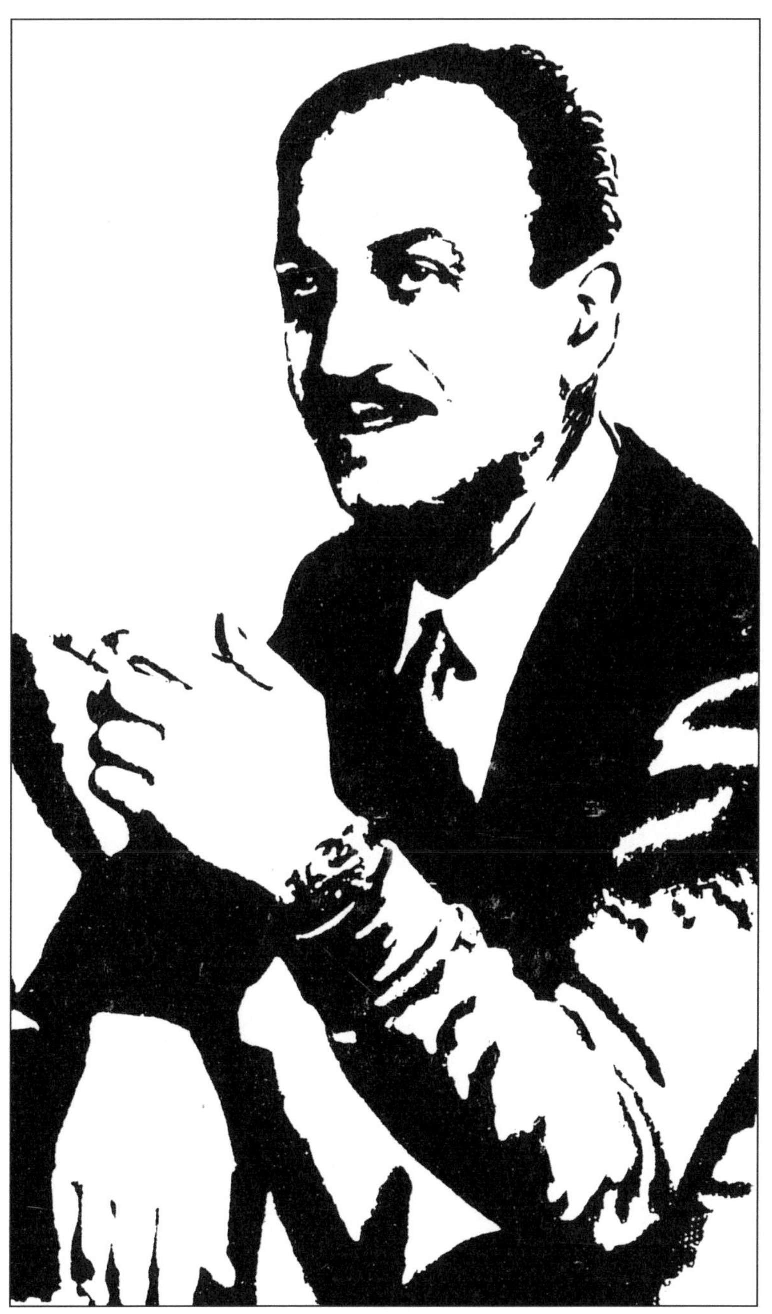

Der junge Virtuose – Kindheit und Jugend in Berlin

»Ich, Adolf Rosner, geboren am 26.05.1910, in Berlin, Georgenkirchstrasse 5 in der Familie: Vater Isaak Rosner, Kaufmann, Mutter Rosa Rosner, geb. Lampel, Hausfrau. Ich hatte vier Schwestern und einen Bruder.«[1]

So beginnt ein maschinengeschriebener Lebenslauf von Adolf Rosner, der nach 1933 seinen Vornamen änderte. Man kann es gut verstehen, dass er als Jude und Jazzmusiker, als doppelt Verfolgter also, keinen großen Wert mehr auf den Namen Adolf legte. Er nannte sich von nun an Ady oder Adi und, in der Sowjetunion – zuerst sein Zufluchtsland, später sein Albtraum –, auch Eddie Rosner. Und so, Eddie Rosner, wird er auch in unserem Text heißen. Der amerikanische Jazzkritiker Mike Zwerin zitiert Rosners selbstironische Einschätzung: »It didn't help being a Jew playing Negro music. Even if your name was Adolph.«[2] Nur für den von einer Berliner Behörde angeforderten Lebenslauf, der das Datum 15. Juni 1973 trägt, kehrte Rosner noch einmal zurück zum ungeliebten Namen Adolf.

Ein wichtiges Dokument, das von der Familie Rosner Zeugnis ablegt, ist die Heiratsurkunde von Eddie Rosners Eltern aus dem Jahr 1895.[3] Rosners Vater Isaak musste dafür dem Berliner Standesbeamten sein »Geburtsattest« vorlegen; danach war er »mosaischer« Religion, sein Geburtstag der 9. Dezember 1872. Der 23 Jahre alte Bräutigam gab als Beruf Handelsreisender an. Seine Geburtsstadt trägt einen Namen, der sich tief in das Weltgedächtnis eingegraben hat: Auschwitz. In der Heiratsurkunde wurde die polnische Schreibweise benutzt: »Oswiecim«. In Berlin wohnte Isaak zuerst in der Grenadierstraße 7, nach der Heirat zog er mit seiner Frau in die Gormannstraße 10–11.

Weiterhin ist Isaak Rosners Vater erwähnt, Eddies Großvater, mit Namen Simon Rosner. Als sein Beruf wird Lehrer angegeben, er war allerdings zum Zeitpunkt der Heirat seines Sohnes bereits verstorben. Auch Simon Rosner stammte aus Oświeçim, wie seine Ehefrau Gital, geborene Patrias.

Rosners Mutter Rosa Lampel war ebenso »mosaischer Religion« und in der Spalte, die der Berufsbezeichnung vorbehalten ist, steht »ohne Gewerbe« – sie war Hausfrau und Mutter. Auch Rosa Lampel konnte dem Standesbeamten ihre Geburtsurkunde vorweisen, sie ist heute allerdings nicht mehr vorhanden. Eddies Großeltern mütterlicherseits sind ebenfalls aufgeführt: der »Goldarbeiter« Scheja Simon Lampel und seine Ehefrau Fanny, geborene Herz, beide wohnhaft in Berlin. Aus dem Dokument geht nicht hervor, seit wann die Familie in Berlin lebte. Ein weiteres Enkelkind der Lampels, ein Junge mit Namen Lothar, sollte für Eddie Rosner noch wichtig werden. Lothar war gleichfalls musikalisch begabt, kein Wunderkind wie sein Cousin Eddie, aber ein talentierter Sänger. Lothar »Lionel« Lampel sang in Rosners Kapelle 1936 in Polen – und wurde dort als sensationeller Sänger des europäischen Jazz gepriesen. Er war später auch bei den meisterlichen *Columbia-Records*-Aufnahmen 1938 in Paris als Sänger dabei, ehe er schließlich mit Rosner in die Sowjetunion ging und als Sänger mit dem großen Orchester seines mittlerweile berühmten Cousins auftrat.

Als Trauzeugen sind in der Heiratsurkunde der Geflügelhändler Ephraim Hegert und ein »Handelsmann« mit Namen Samuel Fleischer genannt. Hegert war 23 Jahre alt, hatte also das gleiche Alter wie der Bräutigam, und wohnte in der Grenadierstraße 7, offensichtlich ein Nachbar. Der zweite

Trauzeuge war zehn Jahre älter, 33, und gab als Wohnsitz die Amalienstraße an. Nach dem »Ausspruch des Standesbeamten«, eines Herrn von Steinkeller, »dass er sie nun mehr kraft [!] des Gesetzes für rechtmäßig verbundene Eheleute erkläre«, unterschrieben die Vermählten und Trauzeugen das Formular.

Mit der Geburt von insgesamt sechs Kindern war nach einiger Zeit eine größere Wohnung nötig, und die Familie zog schließlich in die geräumigere Unterkunft in der Georgenkirchstraße.

Ergänzende Angaben zur Vorgeschichte der Familie sind in einem weiteren Lebenslauf Eddie Rosners enthalten, den er als Gulag-Häftling für das KGB zu schreiben gezwungen war: »Die Eltern des Vaters waren materiell nicht abgesichert und mussten den Vater in die Lehre und zum Unterhalt im Alter von acht Jahren in eine Schusterwerkstatt geben. Der Schuster ging nach Wien und nahm das Kind mit sich. Dort erlernte er das Schusterhandwerk und ging im Alter von 17 Jahren nach Berlin, wo er in einer Schusterwerkstatt arbeitete.«[4]

Auch über das Schicksal der fünf Geschwister von Rosner erfährt man Genaueres im »KGB-Lebenslauf«. Alle vier Schwestern ehelichten jeweils »polnische Staatsangehörige jüdischer Nationalität«: Erna heiratete den Augenarzt Jakob Kerner, Regina den Trikotagenarbeiter Aron Weigras (sic!), Dora schloss die Ehe mit dem Schuster Adolf Rosner, dem jüngeren Bruder von Eddies Vater, und Martha schließlich heiratete den Trikotagenverkäufer Kurt Schönfeld. Eddie Rosners Bruder Siegfried, Arbeiter in einer Textilfabrik in Berlin, starb bereits 1931.

Auch Eddie Rosners Auskünfte über die Fluchtwege der Familie nach 1933 sind in den KGB-Akten zu finden. So ging seine Schwester Erna schon früh in die USA.[5] Dora, die nach der Machtergreifung Hitlers nach Buenos Aires geflohen war, emigrierte 1939 zusammen mit den Eltern nach São Paulo, wo der Vater bereits ein Jahr später verstarb. Die Schwester Regina ging nach London. Rosners Gulag-Niederschrift endet mit den Worten: »Das Schicksal meiner anderen Angehörigen ist mir nicht bekannt.«[6]

Dieser Aussage zum Trotz: Der Zusammenhalt der Familie Rosner war über Jahre und Tausende von Kilometern hinweg vielleicht noch stärker als bei vielen anderen jüdischen Familien, die ebenfalls dem Terror der Nationalsozialisten zu entkommen versuchten. Denn in ihrem Fall waren zwei Brüder mit zwei Schwestern verbunden. Isaak Rosner hatte Rosa Lampel, die spätere Mutter von Eddie Rosner, geheiratet, während sein Bruder Elias Paula Lampel, Rosas Schwester, zur Frau genommen hatte.

Die beiden waren also jeweils Onkel und Tante von Eddie Rosner. Auch deren Kinder, Sigmund, Fanny und Adolf, verließen Deutschland und suchten Sicherheit und ihr Glück in Brasilien. Eine Sonderstellung nahm dabei Cousin Adolf ein, der von Beruf Goldschmied war. Er kümmerte sich um Eddie Rosner, half ihm bei der Planung der späteren Ausreise aus der Sowjetunion. In den 1970er Jahren traf er Eddie erneut in Berlin. Eddie Rosner sollte allerdings noch vor seinem Cousin Adolf sterben.

Die Familie Rosner lebte im Berliner »Scheunenviertel«, einer Wohngegend, die östlich vom Bahnhof Alexanderplatz begann, sich nordöstlich zum Bahnhof Schönhauser Allee hinzog und von dort bis zum Rosenthaler Platz reichte. Sie war der Anlaufplatz vieler jüdischer Arbeitssuchender und Emigranten aus den östlichen Provinzen Deutschlands und der anliegenden Staaten, vor allem Polens und Russlands. Die schwierige Situation in diesem Viertel, mit teilweise überbelegten Wohnungen und schlechten hygienischen Bedingungen hielt die Menschen aus Osteuropa nicht davon ab, hierher zu kommen. Auch wer wenig besaß, konnte in diesem Teil Berlins für eine gewisse Zeit ein Bett finden. Ein Großteil dieser Menschen wohnte nur eine Weile hier, viele zog es weiter. Für sie war Berlin nur eine Station auf dem Weg in den Westen. Man sparte sich das nötige Geld zusammen, um nach Bremen und Hamburg zu kommen. Von dort, so hofften viele, wäre es einfach, einen Schiffsplatz für eine Ozeanüberquerung ins gelobte Land Amerika zu ergattern. Viele Juden jedoch, die in Berlin blieben, sei es freiwillig oder unfreiwillig, fanden eine dauerhafte, billige Bleibe in den Straßen des Scheunenviertels.

Die Gormannstraße lag mitten in diesem Viertel; sie verlief nordöstlich des Weinmeisterwegs, kreuzte die Steinstraße und die Mulackstraße. Der Schriftsteller und Nervenarzt Alfred Döblin, der ab 1930 im gutbürgerlichen Westen Berlins wohnte, ließ seinen Helden Franz Biberkopf zu Beginn seines epochalen Romans »Berlin Alexanderplatz« nach der Entlassung aus dem Gefängnis Unterschlupf bei wohlmeinenden Juden finden. Biberkopf streicht durch die Gassen und Straßen rund um den hektischen Alexanderplatz, er will von nun an ein guter Mensch sein. Noch verwirrt nach der langen Gefängniszeit, trifft er einen freundlichen Juden, der sich seiner annimmt und ihm eine Bleibe anbietet: mitten im Scheunenviertel – in der Gormannstraße.

Das Aufwachsen im Scheunenviertel mag ein Grund für Rosners spätere Vorliebe gewesen sein, sich stets tadellos zu kleiden, sich elegant zu geben, am liebsten im Smoking, und wenn es ging, in tadellosem Weiß auf der Bühne zu erscheinen. Vielleicht bedrückte ihn die Armut der vielen umherirrenden Menschen in den engen Straßen seines Viertels so sehr, dass hier der Ursprung seines unbedingten Ehrgeizes zu finden ist, seines Wollens, es bis an die Spitze zu schaffen – musikalisch und finanziell. Er wollte herauskommen aus dem Scheunenviertel, in dem er möglicherweise als Jugendlicher auch die antisemitischen Ausschreitungen des Pöbels in der benachbarten Grenadierstraße miterlebt hatte. Im November 1923 schlug die Wut der Hungernden gegen die stärker werdende Inflation in Deutschland in Gewalt um. Überall in Deutschland, auch in Berlin, gab es Plünderungen von Lebensmittelgeschäften und Hungerrevolten. Nur im Scheunenviertel aber kam es zu stark antisemitisch gefärbten Übergriffen und zu pogromartigen Verfolgungen. Ausgangspunkt der kurzlebigen Revolte war das Arbeitsamt in der Gormannstraße. Eddie Rosner war zu diesem Zeitpunkt 13 Jahre alt.

In der Gormannstraße blieb die Familie längere Zeit wohnen und der junge Eddie, damals noch Adolf, ging nach der Grundschule von der Sexta an auf die in der Nähe der Wohnung gelegene Robert-Zelle-Realschule in der Gipsstraße. Sein Schulabschluss war die Obersekunda. Eddie Rosners Familie zog später noch einmal um, in die Georgenkirchstraße.[7] Von nun an lebten die Rosners nicht mehr mitten in der quirligen Demimonde des Scheunenviertels. Die Georgenkirchstraße, obgleich nur wenige Parallelstraßen weiter südöstlich gelegen, war gänzlich verschieden von der von Prostituierten und ihren Freiern bevölkerten Mulackstraße. Sie war auch nicht mit der Münz- oder Dragonerstraße zu vergleichen, »wo in zwei Stuben, Kammer und Küche sieben Personen wohnen«[8]. Diesen Zuständen waren Eddie und seine Familie entronnen.

In der Schule sprach Eddie Rosner Deutsch, mit seinen Eltern und seinen Geschwistern konnte er sich auch auf Jiddisch unterhalten, damals noch die Lingua franca in weiten Teilen Osteuropas.

Von der jüdischen Religion ist in Rosners schriftlichen Äußerungen zu seinem Leben und auch in den Erinnerungen seiner Töchter nur am Rande die Rede: Im Vordergrund muss für den hochbegabten Jungen bereits in früher Kindheit die Musik gestanden haben, wobei sich keine Hinweise

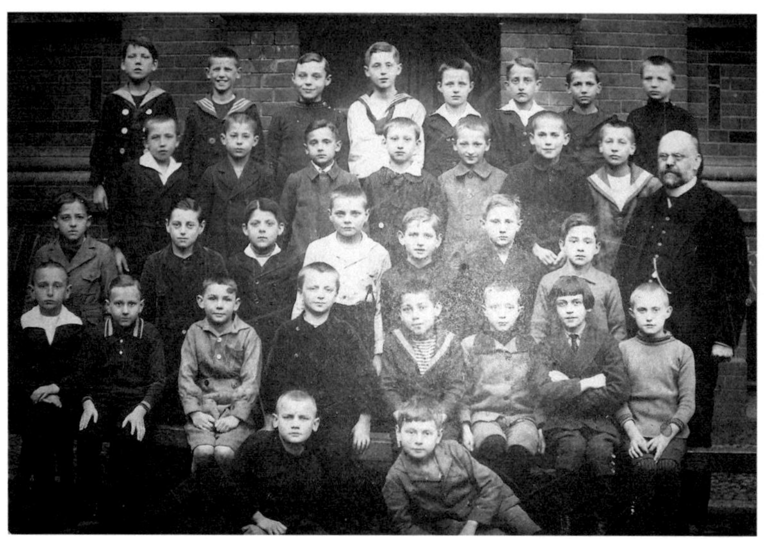

Schulklasse der Robert-Zelle-Realschule 1920, 2. v. re., sitzend – Eddie Rosner

dafür finden, dass in der Familie Rosner Hausmusik gepflegt wurde oder bei Verwandten eine musikalische Begabung zu finden war. Nur Eddie und sein Cousin, der später singende, swingende Lothar, können direkt mit Musik in Verbindung gebracht werden.

Erika Rosner, die Tochter Eddie Rosners und Ruth Kaminskas, erinnert sich im Gespräch zuerst an die geringe Rolle der jüdischen Religion im Leben ihrer Familie. Damit war die Familie ihrer Mutter Ruth Kaminska und deren Mutter Ida Kaminska gemeint, beide berühmte jiddische Theaterschauspielerinnen aus Warschau: »As a religion it didn't exist in our family. I have never been in a synagogue, nobody was, not even my grandmother. (...) They were so-called cultural Jews.«[9] Dies bestätigt – für Eddie Rosner – auch Valentina Valenskaja-Rosner, seine Stieftochter: »Er war nicht religiös im jüdischen Sinne. Ich weiß nicht einmal, ob er (hier) in Berlin in die Synagoge gegangen ist.«[10] Aber sein Begräbnis sei »natürlich traditionell« gewesen, fügt sie hinzu, geleitet von einem Rabbi. In Bezug auf ihren Vater sagt Erika Rosner relativierend: »I never knew him to be religious, but I know that he was educated in a cheder when he was a child. They sent him to a Jewish school.«[11]

Später lernte Erika Rosner ihre Verwandten in Südamerika kennen: »I met his relatives, my relatives, too. His sisters. Three of his sisters. He had four, Dora, Regina, Erna and Martha. And two of them lived in Latin America. And I met their children. I saw that Jewish religion was important for them. They did keep traditions, I don't know if they kept kosher homes or not. But I know that they celebrated Jewish holidays. Important holidays. And then weddings were all Jewish. (…) What was always surprising to me, that my father always used to tell me: Remember that you are Bat Cohen, it means Daughter of Cohen tribe. Because we stem from King David. And, of course, I didn't believe him. I knew he used to make stories. Only people that belonged to Cohen and the tribe were kings, and it is only that we stem straight from King David, you should always remember it.«[12]

Eddie Rosner muss schon als Kind ein großes Lernpensum absolviert haben. Da war der Cheder, die jüdische Knabenschule, zu der ihn die Eltern schickten, dann die deutsche Schule und schließlich noch, ebenfalls von klein auf, die musikalische Ausbildung. Rosner fasst das so zusammen: »Ich habe bereits ab 1916 neben der Schulausbildung umfangreichen Musikunterricht erhalten und wurde als 6-jähriges Wunderkind in das Stern'sche Konservatorium aufgenommen, das ich als Violinvirtuose 1921 beendete.«[13] Das Konservatorium war eine Schule mit hervorragendem Ruf, die bereits seit 1850 existierte, gegründet unter dem Namen »Musikschule für Gesang, Klavier und Komposition«. Ab 1857, als Julius Stern zum alleinigen Direktor ernannt wurde, war vom Städtischen Konservatorium für Musik in Berlin die

Rede, oder kurz vom Stern'schen Konservatorium. Es stand musikbegeisterten Kindern offen, hoch begabte Zöglinge sollten eine umfassende musikalische Ausbildung erhalten. Julius Stern, selbst Komponist und Sänger, verband in seiner Person die jüdisch-christliche Zusammenarbeit in jener Zeit des Wilhelminischen Kaiserreichs – neben seiner Tätigkeit als Direktor der städtischen Musikschule war er gleichzeitig Dirigent des Chores der Synagoge.

Im Laufe seines Bestehens konnte das Konservatorium auf eine ganze Reihe von später bekannten, ja berühmten Musikern zurückblicken, die als Schüler hier ihre Ausbildung erhalten hatten; in den ersten Jahrzehnten des 20. Jahrhunderts befand sich das Konservatorium auf dem Höhepunkt seines Renommees.

Als Lehrer am Stern'schen Konservatorium fungierte zu dessen Hochzeiten auch Engelbert Humperdinck, Kapellmeister und Komponist, der einen Welterfolg mit seiner Oper »Hänsel und Gretel« geschrieben hatte. Unter den Schülern stößt man auf folgende Namen: Peter Kreuder, der Musik für eine stattliche Anzahl von Revuefilmen schrieb – auch in der Zeit der Nazi-Herrschaft; Trude Hesterberg, Sängerin, Schauspielerin und Kabarettistin; Otto Klemperer, Schüler von Hans Pfitzner, – und Eddie Rosner. Julian Fuhs (1892–1975), knapp zehn Jahre jünger als Rosner, war, bevor er 1910 in die USA ging, im Konservatorium eingeschrieben gewesen. Tief geprägt durch den amerikanischen Jazz, kehrte er nach Berlin zurück und wurde Initiator eines Jazzorchesters. Auch ihn vertrieben die Nazis. Ein ähnliches Schicksal erlitt Chaim »Efim« Schachmeister, der »König aller Tanzgeiger«, dessen Eltern aus Rumänien stammten. Er selbst wurde in der Ukraine geboren. Von 1910 bis 1913 war er Student des Stern'schen Konservatoriums in Berlin, begann also seine Lehrzeit im gleichen Jahr, in dem Rosner geboren wurde.

Von ihm wird berichtet, dass keiner es so gut wie er verstanden habe, europäisch-jüdisches Musikantentum mit amerikanischem Jazz zu verbinden. Zu einer großen Karriere aber kam es in Schachmeisters Fall nicht. Er flüchtete 1933 vor den Nazis nach Südamerika.[14] Ein ähnliches Schicksal erlitt Marek Weber, 1888 in Lemberg geboren, gestorben 1964 in Chicago. Weber war von 1906 bis 1908 Schüler des Berliner Stern'schen Konservatoriums mit dem Fach Violine. Auch er ließ in den späten 1920ern die Musiker seines Orchesters *hot* spielen – und wurde, wie so viele, nach der nationalsozialistischen Machtergreifung aus Deutschland vertrieben. Jüdische Musiker konnten schon früh nicht weiter auftreten, denn sie erhielten – wegen ihrer Konfession – keine Möglichkeit, Mitglied im Reichskartell der deutschen Musikerschaft zu werden, was einem Auftrittsverbot gleichkam.[15]

Rosner erwähnte in den 1970er Jahren, als er wieder in Berlin lebte, in seinem Entschädigungsprozess den Namen Carl Flesch, den berühmten Violinisten, der sein Violinenlehrer geworden war. Auch Irina Prokofieva-Rosner, die Tochter von Eddie Rosner und Marina Bojko, gab im Interview an, dass Rosner nach der Beendigung seines Unterrichts am Stern'schen Konservatorium als Student in die Klasse von Carl Flesch an der Hochschule für Musik gegangen sei.[16] Carl Flesch (1873–1944) lebte von 1903 bis in die zweite Hälfte der 1920er Jahre in Berlin, auch wenn er bereits seit 1924 zusätzlich am *Curtis Institute* in Philadelphia lehrte. 1928 wurde Flesch – nach langen Jahren des Wartens – endlich fest angestellter Violinpädagoge an der Hochschule für Musik zu Berlin. Er selbst sah sich von nun an selbstbewusst in der Nachfolge des berühmten Geigenlehrers und Virtuosen Joseph Joachim (1831–1907). Doch auch diese Traditionslinie wurde durch die Nationalsozialisten gekappt. »Von [Joseph] Joachim zu [Carl] Flesch und [Max] Rostal spannt sich innerhalb der Hochschulgeschichte ein Bogen deutsch-jüdischer Geiger, der mit der nationalsozialistischen Machtergreifung im Jahr 1933 abreißt.«[17] Danach ging Flesch von Berlin nach Baden-Baden, blieb dort bis 1934, und als auch in der Provinz die Lebensumstände für Juden immer schwieriger wurden, floh er aus Deutschland, wie so viele andere jüdische Künstler. Sein Weg führte ihn nach Ungarn und dann in die Schweiz. Dort, in Luzern, starb er 1944, noch während des Zweiten Weltkriegs.

Eddie Rosners Ausbildung an der Violine, die er 1927 beendete, wurde also gekrönt durch Unterricht bei einem der renommiertesten Violinpädagogen jener Jahre. In seinem Lebenslauf weist Rosner mit Stolz darauf hin, dass er an der Hochschule für Musik unentgeltlich unterrichtet wurde.[18] Das konnte nur bedeuten, dass man dort auf sein großes Talent aufmerksam geworden war. Eine weitere Ehrung erhielt er bei der Beendigung seines Studiums am Stern'schen Konservatorium: »Der [musikalische] Leiter Professor [Alexander von] Fielitz lobte mich und schenkte mir eine italienische Geige nach meinem Konzert im Blüthensaal.«[19] Eine anschließende Tätigkeit im Bereich klassischer Musik schwebte Rosner jedoch nicht vor. Nach dem Ende seiner Violinenausbildung machte er schon bald eine Kehrtwende und begann sich selbst als Unterhaltungsmusiker und Jazzmusiker zu verstehen. Sein neues Instrument: die Trompete.

Obwohl Eddie Rosner seinen Trompetenlehrer nur einmal erwähnt – in seinem Lebenslauf heißt es: »und erlernte auch ein Blasinstrument – Professor Matthes – Trompete«[20] –, scheint er in kurzer Zeit auch auf der Trompete ein Virtuose geworden zu sein. In welchem Verhältnis seine Unterrichtsstunden zum eigenen Lernpensum gestanden haben mögen, wird freilich nicht deutlich. Ein Musikgenie war Rosner auf alle Fälle, als Violonist und als Trompeter. Auffällig ist, dass er später, bei seinen vielen Plattenaufnahmen, vor allem in Frankreich und der Sowjetunion, nur noch selten als Violinist auftrat. Zumeist stand er vor seinem Orchester und dirigierte, und er spielte seine berühmte – angeblich goldene – Trompete. Sein erstes Instrument, die Violine, wurde kaum mehr erwähnt. Und auch bei seinen viel gerühmten Radio-Live-Konzerten später in der Sowjetunion tauchte sie nur noch selten auf. Eddie Rosner schlug also, sehr wahrscheinlich ohne es zu wissen, den gleichen Weg von der Violine zur Trompete ein, wie es die großen frühen Jazzmusiker des Ragtime getan hatten.[21]

Rosner selbst fasst seine Gründe dafür lapidar zusammen: »Obwohl ich mich nur mit klassischer Musik befasste, begann ich, um Geld zu verdienen, als Geiger in einer Bar ›Majakowski‹ in der Meinekestraße zu arbeiten. Spielte dann in vielen Lokalen Berlins und war in der Kapelle Rosé-Petösy engagiert. 1928/29 bekam ich ein Engagement bei den, in der Zeit sehr berühmten Weintraub's Syncopators …«[22]

Aber schon zuvor war sein Name bekannt geworden, er trat auf unterschiedlichen Berliner Tanz- und Showbühnen auf. In einer Liste Rosners finden sich Auftritte im *Haus Vaterland,* dem *Kempinski* am Potsdamer Platz, dem *Hotel Exzelsior* mit Efim Schachmeister, Schallplatten mit Marek Weber, Shows im *Europahaus* am Anhalter Bahnhof, im *Palais am Zoo* und der *Villa d'Est.*[23]

Wenn es Rosners Absicht gewesen war, mit seiner Musik Geld zu verdienen, auch um seine Eltern zu unterstützen, dann war die Hinwendung zur Unterhaltung und zum Jazz der beste Weg, den er einschlagen konnte: »Die Blütezeit der Berliner Tanzlokale, das waren die dreißiger und vierziger Jahre. Ausgerechnet eine Zeit, die durch Nationalsozialismus und Krieg geprägt, also alles andere als ruhig war, brachte diese Hochkonjunktur der Tanz- und Vergnügungslokale hervor. Getanzt wurde immer in Berlin; nie zuvor und niemals danach aber gab es eine solche Menge an Lokalen in der Stadt, niemals wieder spielten diese Lokale eine so wichtige

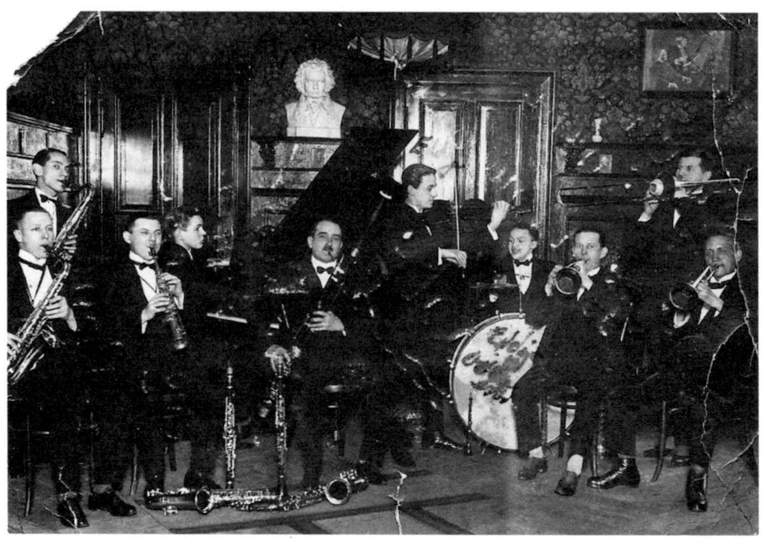

Eddie Rosner als 19-jähriger Violinist einer Jazzband, evtl. der Weintraub Syncopators

Rolle im Alltagsleben wie in den dreißiger und vierziger Jahren.«[24]

Bald schon beherrschte Rosner sein zweites Instrument, die Trompete, mit der gleichen Virtuosität, die er auf der Violine entwickelt hatte. Als begeisterter und begeisternder junger Trompetenspieler standen ihm bereits nach kurzer Zeit die Türen offen für Auftritte mit verschiedenen Tanz- und Swing-Bands. Rosner fand Engagements in Berliner Tanzlokalen mit Bands, die in jenen Tagen in aller Munde waren, so etwa Mitja Nikischs Orchester. Nikisch, Sohn des Dirigenten Arthur Nikisch, war zwar hauptsächlich Konzertpianist, zog es aber schon nach wenigen Jahren vor, Jazz zu spielen, vor allem symphonischen Jazz, was wohl auch mit einer seiner Konzertreisen zu tun hatte. Nachdem er 1927 von einer Amerikatournee zurückgekommen war, ging er bis 1931 regelmäßig ins Studio, um Schallplatten aufzunehmen. Zudem erwähnte Eddie Rosner gegenüber seiner Tochter Irina auch die *Rosé-Petösy Band* als Kapelle, bei der er ein Engagement hatte. Wichtiger für den weiteren Weg des jungen Musikers aber war seine Zusammenarbeit mit den Musikern der *Weintraub Syncopators*, deren Name mit dicken Lettern auf dem Schlagzeug oder der Pauke, gespielt von Stefan Weintraub (1897–1981), geschrieben stand.

Rosners erstes Engagement begann im August/September 1929 und währte bis gegen Ende des Jahres 1930. Nur wenig später ersetzte er Arno Olewski, den erkrankten Trompetenspieler der *Syncopators*. In der Zeit dazwischen spielte Eddie Rosner u. a. bei der Band des amerikanischen Schlagzeugers Albert Spiegel, wie sich Lothar Lampel erinnert: »Vor dem Kriege besuchte ich Ady im Café König, Unter den Linden. Ich kann mich nur an den [amerikanischen] Schlagzeuger Albert Spiegel erinnern, der der Leiter des Orchesters war.«[25]

Doch entscheidend für Rosners Karriere war gewiss sein Engagement als Trompetenspieler für die *Weintraubs*, der wohl populärsten deutschen Unterhaltungsband jener Zeit. Die *Weintraubs* spielten Jazz und Unterhaltungsmusik, waren aber auch für Spaß und Klamauk offen. Sie hatten Schallplattenerfolge (»Am Sonntag will mein Süßer mit mir Segeln gehn«) und waren Stammgäste bei vielen Revuen, so von Friedrich Hollaender (1896–1960) und Rudolf Nelson (1878–1960), mit dem zusammen ein bemerkenswertes Stück Avantgarde-Film entstand: »Und Nelson spielt«.[26] Zu Beginn der Filmära traten sie vor allem als Begleitband von Stummfilmen auf; später, nach der Einführung des Tonfilms, spielten sie Musik für mehr als 20 Filme ein und erschienen sogar in manchen Produktionen als Musiker auf der Leinwand.

In Jörg Süßenbachs und Klaus Sanders Dokumentarfilm über die *Weintraub Syncopators*[27] stellt Bonnie Weintraub, die Witwe des Bandleaders, ihren Mann so vor: »Born in Breslau, in 1897, together with his parents he went to Ber-

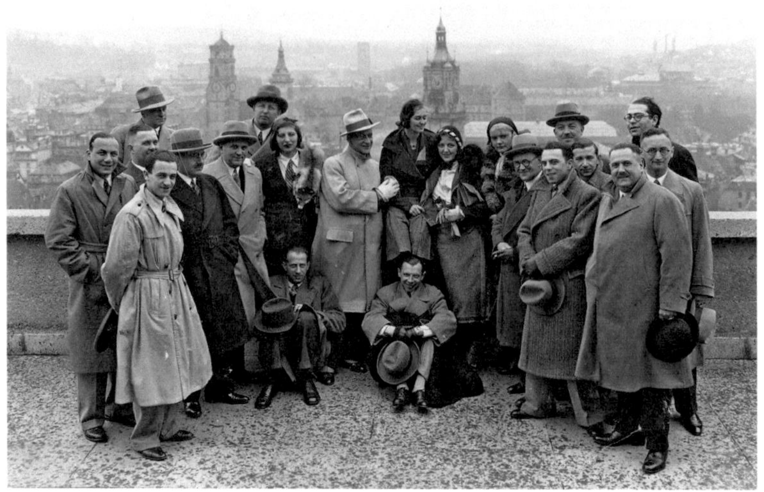

Weintraub Syncopators in Stuttgart, 1931

lin in the 1920s, and they lived on Knesebeckstraße. He met Horst Graff, they got together and played in various places, in coffee shops. They had an engagement here and an engagement there.«[28] Konnten sich die Freunde von »Steps« Weintraub, der übrigens über keine Ausbildung als Musiker verfügte, und von Horst Graff, der großer Jazzfan war, zu Beginn kaum Illusionen über einen großen Erfolg im musikgesättigten Berlin gemacht haben, so war doch gleich ihr erster öffentlicher Auftritt eine Vorausahnung großer Dinge: »Unser erster Gig war im Brüder Vereinshaus in Berlin [Kurfürstenstraße 115/116]. Dort hat man einen großen Ball veranstaltet und wir fragten, ob wir kostenlos dort in einem der kleineren Säle spielen konnten. Wir hatten gerade mal zehn Minuten gespielt, als es klar war, dass wir ein ›Hit‹ waren, der Erfolg war nach zehn, fünfzehn Minuten sichtbar. Die jungen Leute waren verrückt nach dieser neuen Jazzmusik. Und lange nachdem alle Kapellen aus den großen Sälen nach Hause gegangen waren, spielten wir immer noch. Bis früh um 3 Uhr.«[29]

Wie so oft in Berlin, ist es auch in diesem Fall nicht ungefährlich, zu tief zu graben, die Vergangenheit holt die Gegenwart immer wieder ein. Das Verbindungshaus des Brüdervereins, der Ort des ersten erfolgreichen Auftritts der *Weintraubs*, war 1910 gebaut worden. »Zahlreiche kulturelle Veranstaltungen, aber auch Familienfeierlichkeiten und Tanzveranstaltungen fanden in den Räumen des Hauses statt. Der große Saal konnte 600 Personen aufnehmen, zwei ›kleine‹ Säle jeweils 160. (…) 1914 wurde das Gebäude zu Lazarettzwecken bereitgestellt.«[30] Nach dem Ende des Krieges wurde das Haus wieder als Ort (gelehrter) Veranstaltungen und des Vergnügens genutzt. So hat es Stefan Weintraub erlebt. 1939 jedoch wurde das Haus enteignet, seitdem befand sich dort das sogenannte »Umsiedlungsreferat« des Reichssicherheitshauptamtes. Ab 1941 wurde es »Judenreferat« genannt – Referat IV B4, so lautete die dienstliche Benennung. Der Leiter war Adolf Eichmann. Von hier aus wurde die Planung und Organisation der Konzentration, Deportation und Ermordung von Juden in ganz Europa geleitet. Das Haus in der Kurfürstenstraße wurde im Krieg zum Teil beschädigt, andere Gebäudeteile wurden bis in die 1960er Jahre genutzt, so war hier eine Gaststätte untergebracht, mit Gästezimmern und Tanzraum. Ende 1964 wurde das Haus dann abgerissen. Heute steht an der Stelle des Jüdischen Brüdervereinshauses das Hotel Sylter Hof.[31]

Stefan Weintraub erwähnt im Film-Interview keine weiteren Namen, wenn er über die ersten Schellackaufnahmen spricht. Als man sich am 15. Februar 1928 im Studio traf, dürfte die Besetzung jedenfalls so ausgesehen haben: Stefan Weintraub (Schlagzeug), Paul Aronovici (Trompete), John Kaiser (Posaune), Horst Graff (Klarinette und Saxofon), Freddy Wiese (Tenorsaxofon, Basssaxofon und Klarinette),

Cyril »Baby« Schulvater (Banjo und Gitarre) und Ansco Brunier (Trompete, Ukulele, Kunstpfeifer auf zwei Fingern). Sie spielten an diesem Tag unter anderem die Jazztitel »Jackass Blues«, »Up An At' Em« und »Blue Skies« ein. »Leader« war Friedrich Hollaender. Deutlich war: Hier trafen sich Freunde der neuen Musik aus den USA, die durchaus mithalten konnten mit den großen Orchestern Berlins.

Was war das Charakteristische der *Weintraubs*, was war so mitreißend an ihrer Musik, dass die Berliner in die Revuetheater eilten, was lockte die Besucher, wenn sie den Namen auf den Plakaten lasen? Der Musikwissenschaftler Albrecht Dümling fasst die Gründe so zusammen: »An den Weintraubs Syncopators faszinierte ihre musikalische und stilistische Vielseitigkeit zwischen Klassik-Parodie, lateinamerikanischen Tänzen, Wiener Walzern, französischen Kabarett-Chansons, Swing und Chicago-Jazz. Die Musiker spielten im fliegenden Wechsel mehrere Instrumente und wechselten dazu teilweise dem jeweiligen Thema entsprechend die Kleidung. Außerdem imitierten sie Tierstimmen, andere Instrumente, verwendeten höchst ungebräuchliche Geräte wie etwa Küchenutensilien als ›Instrumente‹ oder spielten in ungewöhnlichen Positionen, etwa auf dem Boden liegend. Bestimmte Nummern trugen sie als Box-Match vor. Theatralische, groteske und clowneske Elemente verbanden sie so virtuos mit dem Musizieren, dass die Weintraubs in Berlin bald als das begehrteste Bühnenschauorchester galten.«[32]

Eddie Rosner spielte zwar auch die Violine für die *Weintraubs*, aber vor allem sein Trompetenspiel machte ihn schnell zu einem wichtigen Mitglied der, so Dümling, »international bekanntesten deutschen Jazzband«[33]. Rosner war zu diesem Zeitpunkt gerade einmal 19 oder 20 Jahre alt und konnte bereits auf seine Mitwirkung bei den besten Tanzorchestern Berlins verweisen. Auch wenn es in den Erinnerungen der Musiker oft so scheinen will, als sei ihnen der Erfolg ohne größere Anstrengung geradezu zugeflogen, zeugt etwa ein Interview Friedrich Hollaenders von der Arbeit, die dem Erfolg vorausging: das Abhören, das Üben, die Vorbereitungen. Hollaender erinnert sich auch an die Hartnäckigkeit, das unbedingte Lernen-Wollen, das die junge Band auszeichnete: »Wir studierten Jazz, wochenlang. Wir saßen stundenlang um den Plattenspieler herum und hörten immer wieder die 78er Platten, die gerade aus Amerika gekommen waren. Wir bewunderten Paul Whiteman und Gershwins ›Rhapsodie in Blue‹, und wir diskutierten die Wunderklänge. Wir nahmen es ernst, vielleicht merkte man das.«[34]

Stefan Weintraub wiederum äußert sich noch nach Jahren voller Bewunderung für das Genie Hollaenders und ist zugleich stolz auf die eigene virtuose Showband: »He was a first-class pianist, he put on shows that he composed himself. He wrote the lyrics himself, and sometimes he appeared on the stage himself. Each one of us played four to five instruments, and the effect of it was that we were able to play things that were written for twenty. And we could do it by changing all the time from one instrument to another.» Und er fährt im Gespräch auf Deutsch fort: »Wir haben nicht nur auf dem Podium gesessen und Musik gespielt, wir haben die Nummern auch ausgeführt, als Pantomime zum Beispiel. Wir waren eine Varieté-Nummer geworden.«[35]

Einer der Höhepunkte der Shows war Eddie Rosners Trompetenspiel, vor allem seine Fähigkeit, zwei Trompeten gleichzeitig zu spielen. Der Erfolg war enorm, gleich ob die Band auf dem Dachgarten des Kaufhauses Karstadt die Käufer aufmunterte, oder in einer Revue in Berlin zusammen mit Josephine Baker auftrat, die einen Wohnsitz in Paris besaß, immer wieder aber auch nach Berlin kam und hier, wie an anderen Orten in Europa, mit ihrem Tanzen und ihrem Bestehen auf dem Ausleben einer freizügigen Sexualität für Skandale sorgte.

Es folgte bald eine erste Stippvisite der Band ins Ausland, nach Dänemark. Dann, im Frühjahr 1930, absolvierte sie eine lange, erfolgreiche Gastspielreise durch ganz Deutschland. Fast zeitgleich, im Winter 1929/1930, hatten die Dreharbeiten zum Film »Der blaue Engel« begonnen, für den ein hochkarätiges Team zusammengestellt worden war. Unter dem amerikanischen Regisseur Josef von Sternberg übernahm Emil Jannings die Hauptrolle des Doktor Rath; Marlene Dietrich, die bis zu diesem Film bereits in einigen Nebenrollen auf sich aufmerksam machen konnte, erspielte sich mit ihrer Rolle der Lola einen ersten Welterfolg. Daneben traten auf: Kurt Gerron, Hans Albers – und die *Weintraubs*. Die Dreharbeiten fanden in den Babelsberger Studios statt, zwischen November 1929 und Februar 1930. Am 1. April 1930 war Weltpremiere, in Berlin.

Der Film, der bis 1933 die teuerste in Deutschland gedrehte Produktion war, verband kühn eine eindringliche Charakterstudie mit amüsanten Revueelementen. Er entpuppte sich als einer der größten Erfolge des Kinos der Weimarer Republik – und damit auch der *Weintraub Syncopators*, die schon im Vorspann genannt wurden. Für Marlene Dietrich, die am Abend der Premiere Deutschland verließ, um nach Amerika zu fahren, war die Rolle der Lola das Einlassbillet nach Hollywood. Unter der nationalsozialistischen Herrschaft kam es zu harschen Kritiken von offizieller Seite und unter Druck zog die *Ufa* schließlich ihren Erfolgsfilm zurück.

Die vier Songs des Films, gesungen von Marlene Dietrich, in der neu entwickelten, frech-anzüglichen Kabarettform, wurden weltweit bekannt. Vor allem »Ich bin von Kopf bis Fuß auf Liebe eingestellt« erwies sich als Zugnummer. Die *Weintraubs* werden gleich zweimal gezeigt, wenngleich nur in kurzen Szenen. Groß im Bild sind die fünf Musiker als Begleitung der Dietrich bei ihrem Chanson »Nimm' Dich in Acht vor blonden Frau'n« zu sehen. Dazu kamen noch die beiden Songs »Ich bin die fesche Lola« und »Kinder, heut' abend«. Ob auch Rosner zur Kapelle im »Blauen Engel« gehörte, ist ebenso nach wie vor umstritten wie die Frage, ob er Mitglied im Orchester war, als Hollaender die Songs noch einmal gesondert für *Electrola* auf Platte aufnahm.[36]

Die *Weintraubs* dürften im Übrigen zuerst nicht gerade begeistert gewesen sein, dass Hollaender die Platte so avisierte: »Friedrich Hollaender und seine Jazz-Symphoniker«; andererseits konnten sie mit dem bekannten Namen Hollaender viel Aufmerksamkeit erregen. Der Film und die Songs öffneten jedenfalls der Band das Tor zum Tonfilm. Die Jazz-Arrangements der Songs und auch die Zwischenmusiken steuerte Franz Wachsmann bei, Hollaenders Nachfolger am Piano der *Weintraubs*. Geschickt setzte der Regisseur Josef von Sternberg die neue Entdeckung »Ton« in seinem Film ein. Wenn die Tür von der Garderobe des Blauen Engels zum Parkett hin geöffnet wird, hört man jazzig-schräge Töne einer volksliedhaften Melodie, die jedes Mal abrupt erstirbt, wenn sich die Tür wieder schließt.

Rosner spielte in diesem Winter 1929/30 noch nicht auf regulärer Basis für die *Weintraubs*, dennoch trat er bereits mit ihnen zusammen auf. Jahre später erzählte er seiner Stieftochter Valentina von jener »goldenen Zeit« der Dreharbeiten, als er Marlene Dietrich den Hof machte, die dem jungen Burschen aber einen Korb gab.[37]

Stefan Weintraub und die Band versuchten, beflügelt durch den Erfolg in Deutschland, im Sommer 1932 auch in den USA musikalisch Fuß zu fassen. Doch das Vorhaben misslang gründlich, denn es wurde ihnen nicht einmal erlaubt zu spielen. Sie durften zwar im Hafen von New York ihr Schiff, die »New York«, verlassen, es fehlte jedoch die Genehmigung durch die Musiker-Gewerkschaft, der *Union of American Musicians*, die Instrumente von Bord zu bringen. Arbeitsplätze für Musiker waren auch in New York in jenen Tagen

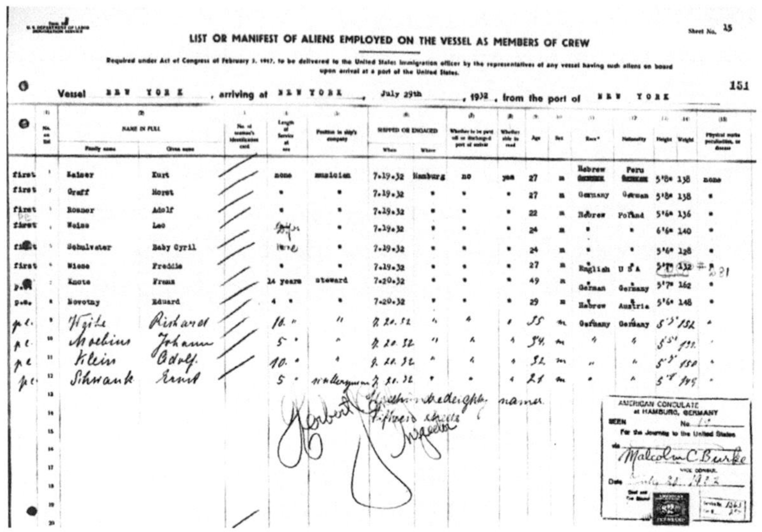

LIST OR MANIFEST OF ALIENS EMPLOYED ON THE VESSEL AS MEMBERS OF CREW

Sheet No. 15

Required under Act of Congress of February 5, 1917, to be delivered to the United States immigration officer by the representatives of any vessel having such aliens on board upon arrival at a port of the United States.

Vessel NEW YORK, arriving at NEW YORK, July 29th, 1932, from the port of NEW YORK 151

	No. on list	Family name	Given name	No. of seaman's identification card	Length of service at sea	Position in ship's company	Shipped or engaged: When	Shipped or engaged: Where	Whether to be paid off or discharged at port of arrival	Whether able to read	Age	Sex	Race	Nationality	Height	Weight	Physical marks peculiarities, or disease
first	1	Kaiser	Kurt		none	musician	7.19.32	Hamburg	no	yes	27	m	Hebrew	Peru	5'8"	138	none
first	2	Graff	Horst		"	"	7.19.32	"	"	"	27	m	Germany	German	5'8"	138	"
first	3	Rosner	Adolf		"	"	7.19.32	"	"	"	22	m	Hebrew	Poland	5'6"	136	"
first	4	Weiss	Leo			"	7.19.32	"	"	"	24	m	"	"	6'6"	140	"
first	5	Schulvater	Baby Cyril			"	7.19.32	"	"	"	24	m	"	"	5'6"	128	"
first	6	Wiese	Freddie		"	"	7.19.32	"	"	"	27	m	English	U S A	5'7"	132	"
p.e.	7	Knote	Franz		14 years	steward	7.20.32	"	"	"	49	m	German	Germany	5'7"	162	"
p.e.	8	Novotny	Eduard		4 "	"	7.20.32	"	"	"	29	m	Hebrew	Austria	5'6"	148	"
p.e.	9	Weike	Richard		10 "	"	7.20.32	"	"	"	35	m	Germany	Germany	5'3"	152	"
p.e.	10	Moebius	Johann		5 "	"	7.20.32	"	"	"	34	m	"	"	5'5"	130	"
p.e.	11	Klein	Adolf		10 "	"	7.20.32	"	"	"	32	m	"	"	5'3"	150	"
p.e.	12	Schwank	Ernst		5 "	[illegible]	7.20.32	"	"	"	21	m	"	"	5'8"	145	"

Herbert [illegible] inspector

AMERICAN CONSULATE at HAMBURG, GERMANY
SEEN No. 17
For the Journey to the United States
Malcolm C. Burke
VICE CONSUL
Date [illegible] 1932

Passagierliste der »New York« vom 19. Juli 1932

der Weltwirtschaftskrise nicht so häufig wie in den Roaring Twenties, so dass die Gewerkschaften ein »closed-shop« einführen wollten, das heißt, dass nur Gewerkschaftsmitglieder eine Arbeitserlaubnis erhalten sollten. Auch Eddie Rosner war bei diesem Ausflug in die neue Welt mit an Bord, Ausschnitte aus einem Kurz-Dokumentarfilm der Firma *Movie Tone* zeigen ihn als Mitglied der Band in New York. Die Filmemacher arrangierten die Gruppe – ohne Instrumente – am Pier, wenigstens einmal aber singen und spielen sie auf dem Ozeandampfer. Doch auch dieser geschickte Werbegag, den sich Heinz Barger, der Manager der Band, ausgedacht hatte, vermochte die Einreise nicht zu erzwingen. Ob Rosner sich in jenen Tagen mit befreundeten amerikanischen Musikern treffen konnte, etwa mit dem Swing-Schlagzeuger und späteren Bandleader Gene Krupa, mit dem er verschiedentlich Briefe austauschte, muss offen bleiben. Die Rückfahrt der Band fand dann mit dem Schwesterschiff der »New York«, der »Hamburg«, statt. Der *Movie-Tone*-Film, zu sehen in dem Dokumentarfilm »Bis ans andere Ende der Welt«, zeigt Rosner übrigens noch einmal als Geigenspieler, vor einem großen Rettungsring, der die Aufschrift »Hamburg« trägt.[38]

Die Passagierlisten der »New York« weisen die acht Mitglieder der *Weintraubs* als Musiker aus, sie werden also als »Crew Members« geführt, nicht als zahlende Passagiere. Ihre Aufgabe war es vielmehr, die Reisenden während der Ozean-Überquerung zu unterhalten. Die »New York« verließ Hamburg am 19. Juli 1932 und erreichte New York zehn Tage später. Die Passagierliste zeigt im Hinblick auf die Musiker einige Besonderheiten. So taucht der Name Heinz Barger, Manager der Band, auf der Liste als Heinz Baruch auf; und da Kurt Kaisers Vater aus Peru stammte, ist dieses südamerikanische Land als Kaisers Heimatland benannt. In der Spalte »Race« ist bei Rosner, Kaiser, Weintraub, Baruch, Weiss und Schulvater »Hebrew« vermerkt. Die Eintragung für Horst Graff unter »Nationality« lautet »German« und unter »Race«: »Germany«; Freddie Wiese kommt der Liste zufolge aus den USA und als »Race« wurde bei ihm »English« notiert. Stefan Weintraub und Heinz Baruch (Barger) gaben wiederum als Nationalität »Germany« an. In dieser Rubrik findet sich bei Rosner, Weiss und Schulvater »Poland«. Bei allen Crew-Mitgliedern sind zudem sorgfältig Größe und Gewicht festgehalten.[39]

Rosner sollte viel später in seinem Leben, nachdem er die Sowjetunion endlich hatte verlassen können, noch einmal Amerika besuchen, doch dieses Mal flog er. Aber auch zu diesem Zeitpunkt war ein öffentlicher Auftritt des europäischen Jazzmusikers im Heimatland des Jazz nicht möglich.

Im November 1932 spielten die *Weintraubs* den Nonsense-Song »Ich kauf' mir 'ne Rakete« ein. Neben Eddie Rosner (Trompete und/oder Kornett) sind u. a. Freddie Wiese und Horst Graff (beide Saxofon), Leo Weiss (Piano), Cyril Schulvater (Banjo und Gitarre) und der Bandleader Stefan Weintraub (Schlagzeug) zu hören.

Von großem Interesse sind auch Komponist und Texter dieses Songs: Paul Abraham und Robert Gilbert (und Armin L. Robinson). Paul Abraham (1892–1960) schrieb die Musik zur Operette »Viktoria und ihr Husar«, in der ebenfalls ein charmanter Nonsense-Song eine wichtige Rolle spielt: »Mausi«. Dieser Song und das Lied »Blume von Hawaii« zeigten den jüdischen Komponisten auf der Höhe seines Könnens. Er floh schon bald nach der Machtübernahme der Nazis aus Deutschland nach Wien, später dann über Ungarn nach Frankreich. Zu Beginn des Zweiten Weltkriegs flüchtete er nach Kuba und schließlich in die USA. An die frühen Erfolge konnte er dort jedoch nicht mehr anknüpfen.

Robert Gilberts Lebensdaten und Karriere zeigen, wie eng die deutsch-jüdischen und die deutschen Künstler in der Zeit vor der »Machtergreifung« miteinander verbunden waren. Gilbert (1899–1978) war Texter von »leichter« Musik, z. B. »Was kann der Sigismund dafür, dass er so schön ist«, und sogar die beiden *Weintraubs*-Hits »Am Sonntag will mein Süßer mit mir segeln gehen« und das oben erwähnte »Ich kauf' mir 'ne Rakete« stammten von Gilbert. Literarischer Nonsense stand auch im Mittelpunkt bei dem von Efim Schachmeister eingespielten Gilbert-Song »Ich steh' mit der Ruth gut«. Daneben schrieb Gilbert aber ebenso politische Songs, so unter dem Pseudonym David Weber das »Stempellied – Lied der Arbeitslosen«, das Ernst Busch bekannt machte und dessen Musik von Hanns Eisler stammt.

Gilbert war neben seiner Arbeit als Songwriter zugleich Schriftsteller und Komponist. Sein Lebenslauf ähnelt dem vieler Zeitgenossen: Auch er musste als Jude emigrieren und er lebte später, nach der Rückkehr aus dem amerikanischen Exil, nicht mehr in Deutschland, aber doch in der Nähe des ehemaligen Vaterlandes, in der Schweiz.

Gilbert war seit 1917 ein Berliner Jugendfreund von Heinrich Blücher. Dieser wiederum, Ehemann von Hannah Arendt und ihr Partner in der Emigration, die ihn – und sie – von Berlin bzw. Freiburg/Marburg über Paris nach New York führte, brachte Gilbert »mit« in die neue Beziehung. Eine Textstelle aus einem Brief von Blücher aus dem Jahre 1936 an Arendt zeigt die gemeinsame Nähe: »Es sind drei Sessel im Zimmer. Wenn du wieder den nehmen willst, auf dem Du das letzte Mal neben mir gesessen hast, so kann Robert den anderen nehmen.«[40]

Rosner selbst sprach von einem »Engagement« bei den »in der Zeit berühmten Weintraub's Syncopators, mit denen wir viele Filme drehten«[41]. Zwei Filme, bei denen er als Mitglied der *Syncopators* auftrat, waren laut Rosner »Der Kampf ums goldene Saxophon« (richtiger Titel: »Das goldene Saxophon«) mit Hans Albers, auch bekannt als »Heut' kommt's drauf an«, und »Ich und die Kaiserin« mit Willi Fritsch und Lilian Harvey. Die Musik zu diesem Film stammte von Friedrich Hollaender, der auch Regie führte. Nur wenige Tage nach der nationalsozialistischen Machtergreifung kam der Film in die Kinos. In Holland spielten die *Weintraubs* unter anderem im August 1933 im Vorprogramm des neuen Hans-Albers-Films. Im Filmprogrammheft werden sie *The Eckmanns Boys* genannt.[42] Sie waren also gleich zweimal zu sehen – im Film und auf der Bühne.

Der letzte gemeinsame Auftritt der Band in Deutschland fand im Berliner Wintergarten statt. Doris Barger, die Ehefrau von Heinz Barger, dem Manager der Gruppe, sprach mit den Dokumentarfilmmachern von »Bis ans andere Ende der Welt« über diese Zeit: »Ich kann mich weiter daran erinnern, dass es im Februar 1933 war, als die Weintraubs im Wintergarten auftraten, leider ihre letzte Vorstellung. Ich bin mehr oder weniger durch die Mundpropaganda auf sie aufmerksam geworden. Da sei eine Kapelle, die richtig gut ist, dass man so etwas noch nie gesehen hat. Ich verließ den ›Wintergarten‹, nachdem die Vorstellung vorüber war, und ich hörte zwei Männer, die über die Show sprachen. Einer war ganz enthusiastisch und sagte: ›Mann, so was habe ich noch nie gesehen.‹ ›Nicht so laut‹, sagte der andere. ›Weißt Du denn nicht, dass das Juden sind?‹«[43] Noch im Februar verließen die *Weintraubs* Berlin, nach Deutschland kehrten einige nie mehr zurück, andere erst Jahrzehnte später.

»Wenn die meisten jüdischen Tanz- und Jazzmusiker Deutschland in den ersten zwei Jahren der Nazi-Herrschaft freiwillig verließen, dann aus zwei Hauptgründen: Erstens waren sie zu bekannt, um ihre Identität verbergen zu können, denn die lautstarke Nazipropaganda gegen den ›Nigger- und Juden-Jazz‹ in der Republik hatte ihre Namen bereits verbreitet. Zweitens waren sie nach dem Januar 1933 Schikanen und körperlichen Misshandlungen durch Nazis ausgesetzt. Zu der ersten Kategorie gehörten gefeierte Größen der deutschen Kaffeehausgesellschaft, wie Marek Weber und Efim Schachmeister. Rosner gehörte zu der zweiten Kategorie – zu jenen Juden, die verschiedene Belästigungen durch die Nazis erlitten.«[44]

Nach den Erinnerungen von »Steps« Weintraub erhielten die Musiker ab 1933 von den neuen Machthabern in Deutschland ein Einreiseverbot, so dass sie, um von einem Auftrittsort zum anderen zu kommen, etwa von Dänemark in die Niederlande, ein Flugzeug chartern mussten, mit dem sie das deutsche Hoheitsgebiet umfliegen konnten.[45]

Die Flucht vor dem Nazi-Regime führte die Mitglieder der *Weintraubs* zuerst nach Holland, später für ein Jahr nach Italien, dann folgte ein 18-monatiger Aufenthalt in der Sowjetunion. Danach ging es über Sibirien nach Japan, wo die in Deutschland verfolgten Juden von begeisterten Japanern mit großen Hakenkreuzflaggen begrüßt wurden. Man wusste es wohl nicht besser.

Erst in Australien – am anderen Ende der Welt – fühlten sie sich endgültig sicher vor den Nachstellungen und Verboten der Nazis. Fischer, Graff, Kaiser, Schumacher, Wiese, Weintraub und Barger versuchten, auf dem fünften Kontinent Fuß zu fassen, aber es wurde ihnen nicht leicht gemacht. Seit der Mitte des Jahres 1940 wurden drei Mitglieder der Gruppe – wegen ihrer deutschen Pässe – in einem Camp in Victoria interniert. Die Gruppe drohte auseinanderzubrechen. Als schließlich der Manager Heinz Barger und auch Freddy Wiese in die USA gingen, war das Schicksal der Band endgültig besiegelt.

Friedrich Hollaender, Leiter der *Weintraubs*, Pianist und Komponist der Songs des »Blauen Engel«, war schon unmittelbar nach der sogenannten Machtergreifung nach Kalifornien emigriert. Seine Flucht aus Berlin war dramatisch. Die Liste seiner in den USA entstandenen Filmkompositionen, nun unter dem Namen: Frederick Hollander, ist lang. So erarbeitete er die Filmmusik für die Produktionen mit der Schauspielerin Loretta Young, »The Crusaders« und »Shanghai«, sowie die Kompositionen zu Filmen mit Marlene Dietrich als Hauptdarstellerin: »Desire« (1936), »Angel« (1937) und »Destry Rides Again« (1939).

Auch Franz Wachsman, Hollaenders Nachfolger bei den *Weintraubs*, suchte sein Glück in Hollywood – und das mit Erfolg, denn er wurde mit Preisen überhäuft. Waxman, so sein amerikanisierter Name, wurde mit zwei Oscars für die beste Filmmusik ausgezeichnet, für »Sunset Boulevard« und »A Place In The Sun«, dazu erhielt er über ein halbes Dutzend Oscar-Nominierungen – und eine Briefmarke mit seinem Profil!

Als die *Weintraubs* Ende Oktober 1933 die Niederlande verließen und nach Italien weiterreisten, blieb Rosner zurück. Dieses Auseinandergehen war gewiss schmerzlich und die Trennung war lang, aber sie war nicht endgültig. Nach über 40 Jahren erhielt Eddie Rosner, damals schon in Berlin, einen Brief, der in Australien aufgegeben worden war. Adressiert war er an den »lieben Adi«, und in Klammern folgte das Bekenntnis: »Ich kann mich nicht daran gewöhnen, Dich Eddie zu nennen.« Der Brief von Steps Weintraub vom 2. November 1973 erinnert an die alten Zeiten: »Du kannst Dir nicht vorstellen, was für eine Überraschung es für mich war, von Dir zu hören, nachdem seit Jahren jeder Dich als verloren betrachtet hatte, und will hiermit meine Freude darüber zum Ausdruck bringen.«[46]

Die *Weintraubs* suchten im Herbst/Winter 1933 fieberhaft einen Trompeter, der den inzwischen berühmten Eddie Rosner ersetzen könnte. Seine Nachfolge in der Band trat schließlich der in Berlin geborene »Manny« Fischer an, früher Emmanuel Fisher, der polnisch-jüdischer Herkunft war. Fischer besaß nicht den großen Namen, den Eddie Rosner inzwischen hatte, aber Rosners berühmten »Trick«, zwei Trompeten gleichzeitig zu spielen, wusste auch Fischer dem staunenden Publikum bald zu präsentieren. Während der folgenden langen Tournee der *Weintraubs* in Italien konnte sich Manny Fischer als Stellvertreter Rosners bewähren. »Steps« und die Musikerkollegen wurden als »orchestra uomoristica da Berlino« angekündigt und im Bühnenhintergrund ihrer Shows hing stets an einem großen Vorhang ein kreisrundes Emblem mit der Aufschrift: »La Voce del Padrone«. *Electrola* war allgegenwärtig.

Rosner aber reiste von nun an mit anderen Bands, und er hatte Engagements in ganz Europa. »Die weiterführenden Konzertreisen in Westeuropa an allen Brennpunkten vollzogen sich noch etwa bis zum Jahr 1938.«[47]

Rosners Cousin Lothar Lampel war inzwischen in die Niederlande gekommen. Lampel reiste zu diesem Zeitpunkt mit dem *Ben-Berlin-Orchester,* blieb aber in Holland, als die Band weiterzog. Seit dem 1. September 1933 war Lampel Mitglied von Jack de Vries *Internationals*, bei denen auch Eddie einsteigen konnte.

Ab Juni 1934 waren dann beide Cousins Mitglieder der Band *Fud Candrix' New Versatile Orchestra*. Candrix war zwei Jahre älter als Rosner und er starb zwei Jahre vor Rosner im Jahr 1974. Zu sehen waren sie im *Pingouin* in Brüssel und während der Sommersaison im *Le Ranch* in Ostende. Das in Deutschland sehr beliebte Orchester des belgischen Tenorsaxofonisten ging im Spätherbst zurück nach Brüssel, als Candrix einberufen wurde. Später würde er – unter anderem im besetzten Belgien und unter Duldung der deutschen Stellen – erneut ein Orchester leiten und sogar auf Tournee gehen. Da waren allerdings Lothar Lampel und Eddie Rosner nicht mehr dabei. Von April bis August 1942 spielte Candrix mit seinem Orchester vor Armeeangehörigen im Delphi-Palast in Berlin, sein stark rhythmusbetonter Swing war Garant für den Erfolg der Band. 1943 kam es sogar zu Plattenaufnahmen des Orchesters von Fud Candrix mit dem Gipsy-Gitarristen Django Reinhardt. Was wäre alles möglich gewesen, wenn nicht so viele jüdische Musiker, wie auch Eddie Rosner, in die Emigration gezwungen, vertrieben und verfolgt worden wären! Die Vorstellung einer Jam-Session mit Fud Candrix, Django Reinhardt und Eddie Rosner ist jedenfalls reizvoll.

Um die gleiche Zeit, als Rosner und Lampel für das Orchester von Candrix arbeiteten, also 1934, gab Louis Armstrong im Rahmen einer Europatournee ein Konzert im Brüsseler *Palais des Beaux Arts*, das der belgische *Rhythm Club* organisiert hatte. Anschließend besuchte Armstrong einige Jazzclubs, u.a. auch den, in dem Eddie Rosner und Lothar Lampel zu diesem Zeitpunkt engagiert waren. Armstrong war offensichtlich beeindruckt von dem, was er hörte und lud die beiden am folgenden Tag zu einem Gespräch in sein Hotel ein, »wo er Rosner ein Bild mit seiner Unterschrift gab, und außerdem schrieb er, dass Adi der beste Trompeter war, den er in Europa angetroffen hatte«[48].

Ruth Turkow Kaminska schrieb in ihrer Autobiografie, dass Eddie, seit dieser Zeit ihr Lebensgefährte, auf der Flucht vor den deutschen Truppen in seinem Rucksack seine wertvollsten Erinnerungsstücke mit sich geführt habe: eine goldene Trompete, die er bei einem Wettstreit mit Armstrong gewonnen habe, und ein Foto von Armstrong mit der Widmung »To the white Louis Armstrong from the black Adi Rosner«. Lampel aber ist sich sicher, ein Wettbewerb zwischen Rosner und Armstrong habe nicht stattgefunden.[49]

Festzuhalten gilt jedoch, dass schon während der Zeit des Hochgefühls, etwa als Eddie Rosner Mitglied der *Weintraubs* war, oder als er überall in Europa erfolgreiche Tourneen absolvierte, die Bedrohung immer gegenwärtig war.

Der heftige Applaus für die spektakulären Auftritte konnte den dahinter drohenden Abgrund nicht vergessen lassen. Irina Prokofieva-Rosner ging im Gespräch auf jene Glanztage des Vaters ein, als er bei den *Weintraubs* vorübergehend Mitglied in einer, wie man heute sagen würde, Superband war. Sie verwies dabei auch auf die Wurzeln der Showelemente des »sowjetischen Superstars« Eddie Rosner, so wie sie ihn später kennenlernte.

Als Kind konnte sie – die VIP-Tochter, der jeder Wunsch erfüllt wurde – von ihrem hervorragenden Sitzplatz im Theater aus den Vater ganz nah erleben: »Was mich besonders beeindruckte, als ich zum ersten Mal die Dokumentaraufnahmen von den Auftritten der Weintraub's Syncopators gesehen habe, in dem Film ›Weintraub's Syncopators‹ [›Bis ans andere Ende der Welt‹, MP], da habe ich sehen können, dass all diese Gags und trickreichen Elemente, wo zum Beispiel die Musiker rumspringen auf der Bühne, auf einem Instrument spielend, oder die Instrumente wechselnd, dabei aber den Ton oder die Musik oder die Leitmotive weiter führend, das hatte mein Vater alles mitgenommen und später auch in seinen Auftritten und (mit seiner Band) in Russland gezeigt. Das hatte natürlich einen sehr, sehr großen Erfolg. Aber das war die Handschrift von Weintraubs, das habe ich (…) jetzt erst entdeckt.«[50]

»Steps« Weintraub, Horst Graff und die anderen Bandmitglieder beendeten ihre Odyssee in Australien, ein *Comeback* nach Deutschland war nicht möglich. Und auch für ihren Kollegen und Freund Eddie Rosner, zu dem sie inzwischen jeden Kontakt verloren hatten, war eine Rückkehr ausgeschlossen. Es war zu gefährlich. Jazz war in Deutschland nicht mehr erwünscht, Jazz, von jüdischen Musikern gespielt, nicht mehr geduldet, weder auf der Bühne noch im Kino. In nüchternen Worten schildert Rosner im Lebenslauf die Gründe für seine Emigration und die Unmöglichkeit, in das Land der Nazis zurückzukehren: »Wir, die Weintraubs, blieben bis Ende 1933 in Berlin, hatten aber bereits nach dem Reichstagsbrand unter der Judenverfolgung zu leiden. Von der Hitlerjugend wurden mir die Rippen und die rechte Kniescheibe gebrochen und 4 Zähne zerschlagen.«[51] Valentina Vladimirskaja-Rosner erinnert sich genau an die Erzählungen ihres Stiefvaters, der ihr von weiteren Nazi-Attacken erzählte, so als eine Cousine an den Haaren über den Bürgersteig geschleift wurde.[52]

Auch der Bassist Adi Fischer – der Bruder des Trompeters Manny Fischer – erfuhr hautnah, welches Klima inzwischen in Deutschland herrschte. Seine Sprache im Interview aus den 1970er Jahren, vom Englischen ins Deutsche übergehend, beweist, wie zwiegespalten Fischer immer noch ist, als er über sein Verhältnis zu Deutschland und den Deutschen reflektiert. »I went from Rankestraße to Kurfürstendamm und hatte meinen Bass dabei, deshalb kaufte ich eine Fahrkarte für die Tram. Für den Weg nach Halensee, wo ich wohnte. Es war schon dunkel, als ich ausstieg, it was a cold winter-night. Da kam ein kleines Mädchen auf mich zu, sie war vielleicht acht Jahre alt, oder zehn. Sie kam und spuckte auf meinen Kontrabass, on my double bass, und sagte zu mir: Jude. That made me mad. Denn ich liebte, was ich tat. Aber sie wollten uns nicht länger.«[53]

Von Paris nach Krakau – Erfolge in Europa

Als Ende des Jahres 1935 die belgischen bzw. holländischen Behörden Rosners Visum nicht verlängerten, ging der heimatlose Musiker nach Polen. Hier wurde er schon bald gefeiert, wobei die Ankündigungen für die Konzerte meist den Vornamen Adi oder Ady benutzten. Für sein Engagement im Warschauer Café *Cyganeria* gründete er seine erste »polnische« Band. Die Besetzung bestand aus: Adi Rosner (Trompete), Stanislaw Piecuch (Posaune), Bobby Fiedler, Gustaf Wirenberg (jeweils Tenorsaxofon und Klarinette), Tony Lewytin (Altsaxofon und Klarinette), Szymon Heliszkowski (Klavier), Joe Schwarzstein (Schlagzeug) und ein heute namentlich nicht mehr bekannter Künstler an der Gitarre. Im Laufe des Jahres 1936 gab es dann einige Veränderungen in der Band. Wladyslaw Kowalzyk (Altsaxofon und Klarinette) kam zur Besetzung hinzu, Al Tumel ersetzte Bobby Fiedler. Beide Musiker, Bobby Fiedler und auch Al Tumel, starben während der Zeit der deutschen Besetzung Warschaus.[1]

In der Krakauer Wochenzeitschrift *As* erschien 1936 ein Artikel von Aleksander Landau, einem polnischen Journalisten und Musiker, in dem dieser ausführlich von seinem Besuch in einem Unterhaltungslokal in Krakau berichtete. Der Besucher sah eine ihm unbekannte Band, die revueartig ihre Kostüme wechselte und in Variationen das Hauptmotiv ihres Songs »Karneval in Venedig« wiederholte, um zu zeigen, wie dieses klingen könnte, wenn es von unterschiedlichen Nationalitäten gespielt würde. Dann kam die große Überraschung:

»Zum Schluss wurde das Motiv in einer reinen Jazzversion gespielt. Schon bei den ersten Takten überraschte mich die bei uns unbekannte Art des Spielens. Eine außergewöhnliche Dynamik, der volle Klang einiger weniger gut ausgesuchter Instrumente, die zum modernen Stil des Hot-Spielens passen. Besonders interessierte mich der Dirigent des Orchesters, der auf seiner Trompete wahre Wunder vollbrachte. Die Skala der Spannweite, die diese Musik aufwies, versetzte nahezu alle im Saal Anwesenden in Begeisterung. Nicht ein einziges Tanzpaar betrat das Parkett. Alle hörten aufmerksam zu. Denn es war das erste Jazz-Orchester, das im ausländischen Stil spielte.«[2]

Es war der Trompeter und Bandleader Ady Rosner, von dem der junge Musiker und Journalist so begeistert sprach.

In einem Gespräch erläuterte ihm Ady Rosner dann später, warum nach seiner Meinung der Jazz in Polen immer noch stiefmütterlich behandelt werde. Das liege vor allem an der falschen Auswahl der Instrumente. Nach ausländischem Vorbild sei es nötig, den Schwerpunkt im Jazzorchester von den Saiten- auf die Blasinstrumente (Saxofon, Trompete, Posaune, Flöten etc.) übergehen zu lassen, »die zur Wiedergabe von Rhythmus und Dynamik des Jazz besser passen. Es wirkt sich hemmend auf die Entwicklung des Jazz aus, dass das Verständnis seiner wichtigsten Eigenschaften fehlt. Allgemein gesehen haben wir gute Musiker. Jedoch huldigen sie immer noch dem alten, monotonen Stil des Spielens.«[3]

Eine zu rühmende Ausnahme, so Rosner im Interview, sei Franciszek Witkowski (Altsaxofon), der durch das Radio oder durch importiere Grammofonplatten den ausländischen Stil erlernt hatte und dessen Präzision in der Ausführung seiner Werke ungewöhnlich sei. Witkowski war damals Mitglied einer polnischen Jazzband, der auch die bekannten Jazzmusiker Henryk Gold und Zygmunt Karasinski angehörten.

1937 waren Rosner und seine Kapelle in Warschau zu hören, im *Palais de Danse* in der Rymarskastraße. Es war eine Show ohne Lothar Lampel, der sich erst im Herbst des Jahres wieder seinem Cousin in Polen anschließen würde. Im Krakauer *Casanova* ersetzte Lampel dann den nicht namentlich bekannten Gitarristen.

Rosner und Lampel verließen Polen allerdings schon bald wieder, um vor allem in Frankreich verschiedene Engagements zu erfüllen. Dort kam es in Paris zu einem ersten absoluten Höhepunkt in der Karriere des nun hervorragend swingenden Trompetenspielers und Bandleaders. Rosner war kaum 30 Jahre alt, als er für die Firma *Columbia* in Paris acht Songs einspielte. In einigen Publikationen ist von zehn Titeln die Rede, wobei die zwei weiteren Stücke nicht nachgewiesen werden können. Immerhin spricht Lothar Lampel verschiedentlich in seinen Briefen an den Musikhistoriker Horst Bergmeier über den – nicht erhaltenen – Titel »The Very Thought Of You«, den Lampel für den besten hielt, und den die Rosner-Band in Paris aufgenommen habe. Als Musiker nannte Lampel dabei sich selbst, als Sänger, übrigens von jetzt an mit dem Zusatznamen »Lionel« versehen – das versprach amerikanische Fähigkeiten –, dazu Henry Goldburger am Piano und Joe Schwarzstein am Schlagzeug.[4] Während des Aufenthalts in Paris im Frühjahr 1938 gastierte das Orchester unter dem Namen *Adi Rosners American Band* im *ABC Theatre*. Das Theater, das heute nicht mehr existiert, befand sich am *Boulevard Poissonière*. Der Star der ersten Programmhälfte des Konzertabends im *ABC* war Marie Dubas, in der zweiten Hälfte stand die Rosner-Band auf der Bühne.

Marie Dubas, die als wichtiges Vorbild für Edith Piaf gilt, war gerade in diesem Jahr zum Katholizismus übergetreten. Doch nach dem Waffenstillstand und der, zuerst nur teilweisen, Besetzung Frankreichs 1940 erfuhr die Sängerin schnell, dass sie in den Augen der Deutschen auch nach ih-

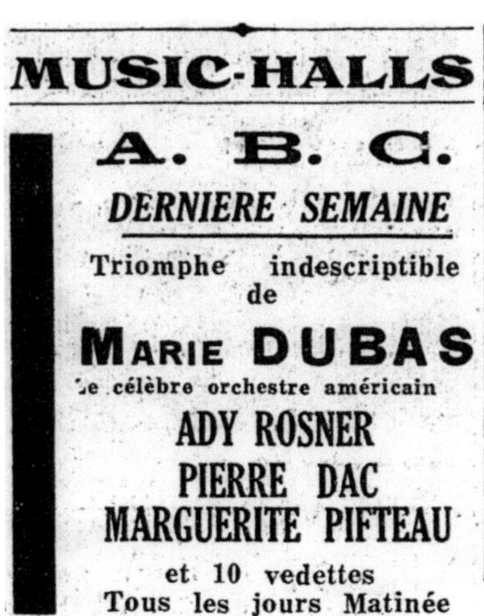
MUSIC-HALLS
A. B. C.
DERNIERE SEMAINE
Triomphe indescriptible
de
MARIE DUBAS
Le célèbre orchestre américain
ADY ROSNER
PIERRE DAC
MARGUERITE PIFTEAU
et 10 vedettes
Tous les jours Matinée

Ankündigung im Le Figaro für Marie Dubas und Ady Rosner, 1938

rer Taufe immer noch als Jüdin galt. »Avec Marianne Oswald [1903–1985] et Mireille [Hartuch, 1906–1996], [beide ebenfalls jüdische Chansonsängerinnen] elle fait partie des chanteuses caricaturées dans l'exposition du palais Berlitz Le Juif du France, qui attire des milliers de visiteur.«[5] 1936, zwei Jahre vor dem Auftritt im *ABC Theatre*, hatte Marie Dubas mit dem Lied »Mon Légionnaire« einen ihrer größten Erfolge feiern können. Das Chanson vom geliebten Fremdenlegionär war damals noch mit ihrem Namen und nicht mit dem der großen Kollegin Edith Piaf verbunden. Marie Dubas wird also auch dieses Lied zur Show beigesteuert haben. Das *ABC*, das über 1.000 Besucher fasste, war eines der größten Chanson-Theater der Stadt. Eine Anzeige im *Figaro* vom 20. Mai 1938 spricht von einem »Triomphe indescriptible de Marie Dubas« und dem »célèbre orchestre américain(!) Ady Rosner«. Er wird als »erster Trompeter der Welt« bezeichnet und begeistert wiederholt der französische Kritiker sein großes, nicht gerade von genauen Kenntnissen der Herkunft des

Orchesters geprägtes Lob: »Ady Rosner va se faire entendre à Paris avec son orchestre. C'est là une des plus grandes attractions des Etats-Unis.«[6]

Marie Dubas flüchtete später in die Schweiz; sie trat auch vielfach in Nordafrika auf, unter anderem vor Flüchtlingen. Nach der Befreiung Frankreichs erst erfuhr sie vom Schicksal ihrer Familie. Eine Schwester war von den Deutschen hingerichtet worden, eine zweite Schwester starb, weil die Nachricht von der Deportation ihres Sohnes sie in tiefe Verzweiflung fallen ließ.

Im Frühjahr des Jahres 1938 konnte Rosner neben dem Konzert im *ABC Theatre* auch einen Auftritt im berühmten Konzertsaal *Salle Pleyel* feiern. Hier kam es zu einem Zusammentreffen von Ady Rosner mit Maurice Chevalier und der Mistinguett. Die beiden französischen Künstler waren die Stargäste bei einem Wohltätigkeitskonzert, das am 7. April 1938 in der großen Konzerthalle stattfand und bei dem Rosner ebenfalls auftrat. Außerdem soll es Jam-Sessions mit Eddie Rosner im Nachtclub *Chez Florence*, einem Kabarett in Montmartre, gegeben haben. Dort hatte bereits Benny Carter (1907–2003), der große amerikanische Saxofonist und Bandleader, mit Freunden *gejammt* und auch für Django Reinhardt (1910–1953), den viel gerühmten belgischen Gipsy-Gitarristen, und sein Quintett war das *Florence* von großer Bedeutung, und zwar als Probenraum und wichtiger Auftrittsort. *Radio Cité* schnitt dort einige Einspielungen dieser Jam-Sessions für Radiosendungen mit, die jedoch nicht erhalten sind.

Der Höhepunkt des Aufenthalts in Paris waren für Rosner allerdings die bereits erwähnten Plattenaufnahmen für das wichtige amerikanische Plattenlabel *Columbia.*

Rosner hatte nach den Erinnerungen von Lothar Lampel für die Pariser Auftritte keine zusätzlichen Musiker verpflichtet, weshalb man wohl von folgender Besetzung ausgehen kann:

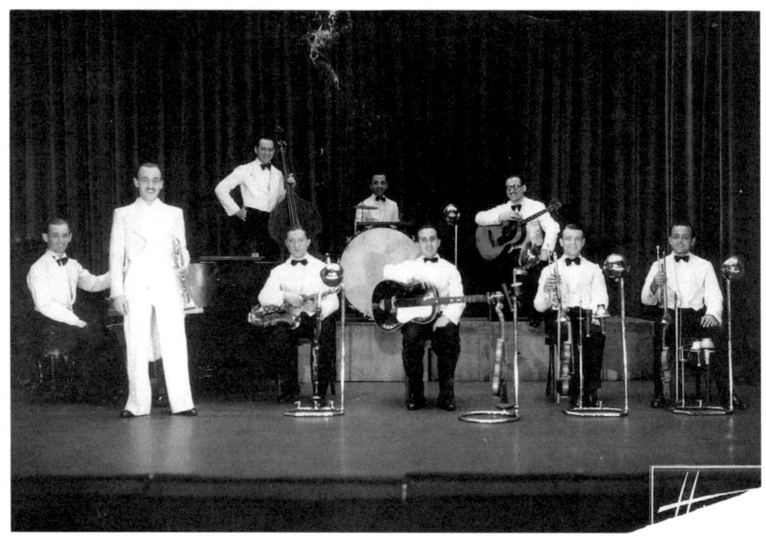

Ady Rosner Orchester in Paris, 1938

Eddie Rosner (Trompete) – weitere Trompetenspieler waren Franciszek Górkiewicz, Erwin Wohlfeiler und Brandt –, Stanislaw Piecuch (Posaune und Bass), Tony Lewityn (Klarinette und Altsaxofon), Max Schröder [auch: Schröter] (Tenorsaxofon), Alexander Halicki (Tenorsaxofon und Klarinette), Léon Hellier (Tenor- und Baritonsaxofon), Léo Arzewiski (Klavier), Joe Schwarzstein (Schlagzeug) und Lothar »Lionel« Lampel (Gesang und Gitarre).[7]

Die Band blieb nicht lange zusammen. Franciszek Górkiewicz flüchtete bei Kriegsbeginn nach England, kehrte aber nach dem Krieg nach Warschau zurück. Hier leitete er, gemeinsam mit Juliusz Skowronski ein Orchester, das viele Aufnahmen für die Marke *Polskie Nagrania* machte. Diese Band war Anfang der 1950er Jahre der Nukleus für das *Ian-Cajmer-Orchester*. In den 1960er Jahren war Górkiewicz Mitglied der Band des polnischen Rundfunks unter der Leitung von Andrzej Kurylewicz.[8] Zum Ende des Paris-Engagements, im Mai 1938, wurde der Gitarrist Harry Holm von Louis Markowitsch, ebenfalls Gitarre, dazu Gesang, ersetzt.

»There was a number of musicianers(!) going to Russia at that time (...)«, berichtet Sidney Bechet in seiner Autobiografie »Treat it Gentle«, und schloss sich dabei selbst mit ein.[9] Viele US-amerikanische Besucher kamen in den 1930er Jahren oder gar schon in den 1920ern, wie Sidney Bechet. Einige gingen auf ausgedehnte Tourneen, andere, wie eben Bechet, entschlossen sich, ihren festen Wohnsitz in Europa zu nehmen, sie galten als *expatriates.* Die *Duke-Ellington-Band* kam 1933 zum ersten Mal nach Europa. Sie brachten einen neuen »Sound« aus den USA mit, den weder die europäischen Fans der Jazzmusik noch die Kritiker so recht einzuordnen wussten. Die bisher übliche Trennung und Beschreibung von Stücken als *hot* oder *sweet* schien hier nicht mehr zuzutreffen. Dabei war es für Rosner und für andere europäische Jazzmusiker wichtig zu verfolgen, welche Entwicklung sich im Mutterland des Jazz ausmachen ließ. Der junge französische Jazzkritiker Hugue Panassié hörte die *Ellington-Band* 1933 live in Paris und hatte auch die Gelegenheit, mit mehreren Bandmitgliedern zu sprechen. Er war vor allem interessiert daran, was es mit dem – immer wieder gehörten – neuen Wort »Swing« auf sich habe.

»I also asked Barney [Bigard, Klarinettist bei Ellington] about ›Swing‹. I had noticed for some time that black musicians were using this word more freely than the word ›hot‹ – and with a nuance that to me seemed slightly different, which I was not sure I properly grasped – and I had set out to conduct a regular poll. Barney confirmed my opinion that to ›play with swing‹ was quite simply to execute phrases that irresistibly drove me to dance. He even gave me a vocal demonstration, singing the same phrase first without, and then with, swing. It was clear enough, but how to define this manner of playing. Barney said to me, swing is indefi-

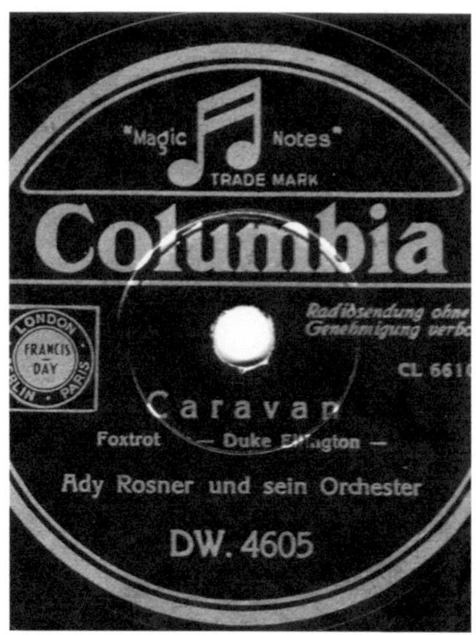

Ettikett der Schallplatte »Caravan«, 1938

nable. Each musician has his own way of producing swing, very different from the musician beside him, and you can't justly say that one is more right than another. In sum, that was accurate.«[10]

Das Gefühl für »Swing« also war entscheidend. Und für die Zeit von 1933 bis 1938 arbeitete Bandleader Duke Ellington (1899–1974) mit seinem Orchester an diesem neuen Konzept. Seine Aufnahmen aus diesen Jahren werden allgemein als Meisterwerke in seinem Oeuvre geschätzt. Die Besetzungsliste des Ellington-Orchesters macht dabei deutlich, welche hochkarätigen Musiker ihm bei seinen musikalischen Entdeckungen zur Seite standen.[11] Von Jazzkritikern wird das Carnegie-Hall-Konzert am 16. Januar 1938 auch heute noch als wohl wichtigster Live-Auftritt in der Geschichte des Jazz betrachtet. Viele Ellington-Musiker, allen voran der Altsaxofonist Johnny Hodges (1907–1970), trugen zum Gelingen dieses Events bei und Benny Goodman (1909–1986), der Klarinettist und Orchesterleiter, war maßgeblich mit verantwortlich für den immensen Erfolg dieses Konzerts in der sonst klassischer Musik vorbehaltenen Carnegie Hall. In weiten Teilen der USA galt Jazz immer noch als etwas Anrüchiges, Schmutziges. Nun trat der weiße Klarinettist Goodman zusammen mit schwarzen Musikern auf die Bühne: Das war ein wichtiges gesellschaftspolitisches Statement. Auch unter diesem Gesichtspunkt musste Goodman beurteilt werden, der, zum Schrecken vieler bohemienhafter New Yorker Jazzbegeisterter, im Frack auf der Bühne erschien. Benny Goodmans Offenheit und Neugierde würden ihn über 20 Jahre später sogar nach Moskau führen, und dort würde er russisches Essen in der Küche der Familie Rosner serviert bekommen. Natürlich jammten der Emigrant Rosner und Goodman, der Sohn russischer Migranten, dann auch zusammen.

Ein Höhepunkt des denkwürdigen Konzerts in der Carnegie Hall war der Song »Bei Mir Bist Du Schön«, der wenige Wochen später auch von Eddie Rosner in Paris eingespielt wurde. Das Lied wurde – in der Version der Sängerin Martha Tilton – vom Publikum in Midtown Manhattan umjubelt.

»Bei Mir Bist Du Schön« war zur Jahreswende 1937/38 ein Erfolgstitel der Gruppe *The Andrews Sisters* und wurde zum Zeitpunkt des Konzerts immer noch von allen Radiostationen in den USA gespielt.[12] Die drei *Andrews Sisters* starteten mit diesem Song eine lange Karriere, während der sie gleich mehrere »gold-records« gewinnen konnten. Stets verlangten sie nach Songs, die »Pop-Appeal« hatten, wollten dabei aber keineswegs auf swingende Momente verzichten. Der erste Top-Ten-Hit der *Andrews Sisters* stammte ursprünglich aus einer jiddischen Revue und war zuerst in einem jiddischen Theater an der 2nd Avenue in New York zu hören gewesen. Der Leiter des Theaters war Shalom Secunda, der aus der Ukraine stammte und 1907 seinen Weg nach Amerika gefunden hatte. In New York war er Absolvent der angesehenen *Juilliard School Of Music*. Von ihm stammte die Melodie des

Songs. Jacob Jacobs (1892–1972), der den Text zu dem Lied schrieb, arbeitete oft mit Secunda zusammen.[13] Die von ihnen auf die Bühne gebrachte Revue mit dem Titel »I would if I could – Mer ken leben nor men lost nisht« fand allerdings nur wenige Besucher und wurde schon nach einer Saison wieder abgesetzt; das war 1932.

Fünf Jahre später kam es zur »Wiederentdeckung«. Sammy Cahn, ein jüdischer Komponist populärer Songs, besuchte das *Apollo Theatre* in Harlem und hörte die afro-amerikanische Gesangsgruppe *Johnnie and George* mit dem Song »Bei Mir Bistu Schein«. Die Gruppe hatte einen so großen Erfolg beim Publikum, dass Sammy Cahn beschloss, dem Rechteinhaber – Shalom Seconda – das Stück abzukaufen. Für 30 Dollar wechselte dann der Titel den Besitzer. Cahn und sein Mitarbeiter Saul Chaplin änderten den Text, sie ließen die jiddischen Worte in den Hintergrund treten, und konnten damit am großen – nicht-jüdischen – Markt punkten. Aus »Bei Mir Bistu Shein« wurde bei Benny Goodman dann »Bei Mir Bist Du Schön«, im Deutschen wiederum sollte die Zeile etwa: »Für mich bist du schön« bedeuten. Dieses Lied war nun auf der Liste der Songs, die Eddie Rosner in Paris einspielte, jedoch ohne das Trompetensolo in der Mitte des Stücks, das dem Goodman-Trompeter Ziggy Elman (1914–1968) zu verdanken war. Elman fügte in den swingenden Song einen »Frahlich« oder »Freilach« als Brücke ein – ursprünglich ein traditionelles Musikstück, ein Tanz, dessen Herkunft von einer jiddischen Hochzeitszeremonie deutlich war und der vom Trompetenspieler als Grundlage für seine Improvisation genutzt wurde. Elmans Erfolg wurde nachgeeifert und bald entstanden weitere Lieder, die Jiddisches mit Jazzigem verbanden und die später dann unter dem Begriff »Yiddish Swing« katalogisiert wurden.

Eddie Rosner wird im Frühjahr des Jahres 1938 zwar schon von diesem besonderen Ereignis, dem Carnegie-Hall-

Konzert in New York, gehört haben, aber die überzeugende gemeinsame Form, die Ziggy Elman für den »Freilach« und den Varieté-Song gefunden hatte, konnte er noch nicht kennen. Das Lied wurde bald zu einem weltweiten Erfolg; zu den frühen Interpreten gehörten das *Henryk Wars Orchester*, das den Song auf Polnisch aufnahm, und Zarah Leander, deren Version in Stockholm produziert wurde.[14]

Bei »Let It Rain Let It Pour«, dem nächsten Song der Einspielungen von 1938, arrangiert von Fud Candrix, steht zuerst das Ensemble im Vordergrund, nicht ohne den frühen Hinweis auf das später dominierende Saxofon. Zu Beginn singt Lampel zwei Strophen, im Zwiegespräch mit dem Ensemble, dann gibt es ein längeres Duett von Saxofon und Ensemble, wobei in einem zweiten Durchgang die Trompeten »gestopft« zu hören sind. Am Ende folgt dann wiederum ein hervorragendes Solo von Rosner, nur ca. zehn Sekunden lang, aber »swingend« wie die großen Vorbilder, etwa Harry James (1916–1983). Eddie Rosner hatte 1934 für wenige Monate die Stelle des Trompeters in Candrix' Orchester übernommen, das Orchester aber relativ schnell wieder verlassen. Jedoch kann die Tatsache, dass Candrix bei vier der *Columbia*-Songs als Arrangeur genannt wird, nur bedeuten, dass man auch nach der Trennung in freundschaftlichem Kontakt geblieben war.

Ein weiterer musikalischer Höhepunkt bei den Pariser Aufnahmen der Rosner-Band war der Song »Caravan«, der zuerst ein Paradestück von Duke Ellington gewesen war. Komponiert von Juan Tizol (und Irving Mills) führte der Song lateinamerikanische Momente in den US-Jazz ein. 1937 nahm Ellington das Stück zum ersten Mal auf. Seine »exotischen« Qualitäten führten dazu, dass Musiker ganz unterschiedlicher Herkunft den Song für sich entdecken konnten. Auch Rosner setzte stark auf den »exotischen« Sound – es dominieren »dschungelartige« Töne, die von den Trompeten herrühren. Sowohl die *lead trumpet* als auch die weiteren Trompeten spielen mit Dämpfer, die Rhythmusgruppe treibt die Trompeten voran. Ganz überraschend, ohne Brücke, spielt das Saxofon zwei Chorusse, die Blechbläser des Orchesters formen sich zum musikalischen Hintergrundbild. Mit dem Ensemble und dem Saxofon kommt es zu einem musikalischen Austausch, bis wiederum Rosners Trompete mit dem Dämpfer in den Vordergrund zurückfindet. Später, in Russland, sollte »Caravan« ein zentrales Stück der Auftritte von Eddie Rosners Bühnenshow werden, »verziert« mit humoresken Momenten. So schleppte sich etwa ein Kamel über die Bühne – das allerdings vier menschliche Füße besitzt. Eine zweite Version von »Caravan«, die Trompete und Klarinette im Wettstreit miteinander hören lässt, entstand 1944.

Eine klassische Swing-Nummer, die schon im Titel den modernen Sound anklingen läßt, war »You Got To Take Your Pick And Swing«. Nach gut 45 Sekunden beginnt Lothar Lampels Part des Sängers. Rosners Cousin erreicht hier eine wunderbare Leichtigkeit und lässt an amerikanische Sänger, etwa den frühen Bing Crosby, denken.

In der Reihe der Pariser Aufnahmen folgt ein lautmalerisches Stück, »Midnite in Harlem«; die gedämpften Instrumente verheißen Exotik, vielleicht auch Erotik und bestimmt: Gefahr. Der Saxofonist steht im Vordergrund, jedoch werden die eher treibenden, düsteren Töne von den Trompeten im Hintergrund geliefert. Die Brücke lässt Dunkles ahnen, führt aber zurück zum Saxofonisten, der sich ein relativ langes Solo erlauben kann, ehe die Trompete, ohne zu zögern, in die Melodie einbricht. Das Stück endet in einem rasanten Wechsel zwischen Saxofon und den übrigen Bläsern, die alle Dunkelheit des Beginns abgeworfen haben.

Von »Midnite in Harlem« gibt es auch eine Fassung des *Fud Candrix Orchesters* aus jenen Tagen. Der Vergleich ist lohnend: »Midnight in Harlem [in Rosners Version] ist zwar ähnlich besetzt wie bei der Brüsseler Candrix-Einspielung vom Januar 1938, doch in völlig anderer Weise interpretiert: Während Candrix in rasantem Tempo mit seinem Saxophon in amerikanischer Coleman Hawkins-Manier solistisch über dem treibenden Rhythmus steht, spielt Rosner eher einen Ballroom-Foxtrott, der in verhaltener Eleganz den Dialog zwischen Saxophon und Blechsatz erlaubt, anschließend aber in einem jazzigen Sax-Solo das Thema variiert und besonders die Trompete über den Synkopen des Arrangements schweben läßt. In dieser Aufnahme zählt also mehr das Teamwork der perfekt trainierten Bläsersätze.«[15]

Überraschend war, dass »Midnite in Harlem« und drei weitere Aufnahmen der Sessions vom Frühjahr 1938 noch im Herbst 1938 auf dem deutschen Label der *Columbia* erscheinen konnten – »obwohl nicht mit [der] Rassenideologie vereinbar. Da Fud Candrix auch als Bearbeiter der Stücke auf den Etiketten genannt ist, läßt sich mutmaßen, dass auch hierzulande die deutsche *Columbia* den aufsteigenden Erfolg des belgischen Orchesters auf dem Konkurrenzlabel Telefunken zumindest in dessen Arrangements teilen wollte.«[16]

Nachdem die Aufnahmen in Paris zu Ende waren, tourte die Band noch durch viele Orte, spielte im *Metropol* in Lille, im *Sporting Club* von Monte Carlo und auch im Amsterdamer *Café Heck*.

In dieser Zeit stiegen Lampel und Schwarzstein aus und kehrten nach Polen zurück. Joe Schwarzstein wurde durch Maurice van Kleef ersetzt, dem aus Holland stammenden Schlagzeuger. Als Rosner 1966[17] der polnischen Zeitschrift *Jazz* ein Interview gab, in dem er sich an die hervorragenden Musiker erinnerte, die er in der zweiten Hälfte der 1930er kennengelernt hatte, war auf seiner Liste nur ein Schlagzeuger vermerkt: Maurice van Kleef, eigentlich Mozes van Kleef (1908–1976). Van Kleef erregte große Aufmerksamkeit in europäischen Jazzkreisen, weil Spitzen-Musiker aus den USA, etwa der Saxofonist Coleman Hawkins (1904–1969) und der Pianist Freddy Johnson (1904–1961) seine Mitarbeit, besonders als Begleiter für *small group sessions*, sehr schätzten. Noch heute gelten die Songs, die mit dem Trio Hawkins/Johnson/van Kleef in Hilversum im Juni 1938 eingespielt wurden, als Meilensteine der Jazzgeschichte.

Rosner plante zu diesem Zeitpunkt eine große Skandinavien-Tournee und ihm gelang es, Maurice van Kleef dafür zu gewinnen. Weder Rosner noch van Kleef konnten zu diesem Zeitpunkt ahnen, dass ihr zukünftiges Schicksal sich ähneln würde. Der Schlagzeuger und der Bandleader würden schon bald in die Mühlen zweier Diktaturen geraten.[18]

Im September begann Rosner dann seine große Tournee durch verschiedene skandinavische und baltische Länder. In Vorbereitung darauf löste er seine »polnische« Band auf und stellte eine neue, niederländische Gruppierung zusammen. Aus Werbegründen wurden dabei einige Namen von Bandmitgliedern anglisiert. So wurde aus Ab Struik (Altsaxofon und Klarinette) Bert Streathem, und aus Louis Markowitsch wurde Lewis Marco. Markowitsch, der Gitarre spielte und sang, war Rosners engster Vertrauter in der Band. Das neue Orchester probte im September in Kopenhagen, anschließend gastierte man in anderen Städten Dänemarks sowie in Schweden und Finnland. Das letzte Konzert der Tournee fand wahrscheinlich Ende Dezember 1938 in Riga statt. Danach löste Rosner auch diese Band auf und fuhr mit Louis Markowitsch zurück nach Polen.

Doch Rosner war unermüdlich, eine neue Kapelle wurde schnell zusammengestellt, so dass bereits im Februar und März 1939 die Jazztöne von Eddie Rosners Trompete in Warschau, im *Café Adria*, wieder zu hören waren. Dass Rosner in den politisch unheilschwangeren Tagen des Sommers 1939 tatsächlich in Lodz einen Nachtclub namens *Chez Adi* geleitet hat, wie immer wieder kolportiert wird, ist eher unwahrscheinlich. In jenem Sommer versammelte Rosner sein Orchester im Studio in Warschau, um zwei Songs für die polnische Plattenfirma *Syrena Electro* einzuspielen. Die Band, unter dem Dirigenten Ady Rosner, firmierte als *Orkiestra Taneczna* (Tanzorchester) und spielte Songs wie »Dla Ciebie, signorito«, ein Pasodoble, und ein Tanzstück mit dem Titel »Rumunski Foxtrot« (»Rumänischer Foxtrott«).

Nur noch wenige Wochen lang konnten die Pasodoble- und Foxtrott-Töne zum Tanzen animieren, die schwarzen Wolken über Europa wurden immer dichter.

Auch Maurice van Kleef sah sich schon bald direkt betroffen. Waren in Friedenszeiten die Bedrängnisse für Jazzmusiker vergleichsweise leicht zu ertragen gewesen, so wurden in Holland während des Krieges auch für sie die Daumenschrauben immer enger gedreht. Einige holländische Musiker behalfen sich dadurch, dass sie sich einen »Arier-Ausweis« besorgten. Sie hofften so, die Behörden nachgiebig zu stimmen.

Einen solchen Ausweis zu erhalten, blieb Maurice van Kleef, als Jude, verwehrt. Ab 1941 durfte er nur noch für Juden spielen, 1943 wurde er ins Durchgangslager Westerbork eingeliefert – und spielte dort als Mitglied eines Revue-Orchesters Schlagzeug. Unter der Leitung des deutsch-jüdischen Emigranten Max Ehrlich gab es 1943 in Westerbork Revuen, bei denen bekannte Kabarettisten, Schauspieler und Musiker auftraten.

Neben holländischen Künstlern wie van Kleef waren es vor allem deutsche Emigranten, die hier ihre künstlerische Arbeit im engen Rahmen fortsetzen konnten. Zur Lagerbühne gehörten Künstler wie Willy Rosen, Erich Ziegler, Camilla Spira, Kurt Gerron und vor allem Max Ehrlich, der beliebte Kabarett-Schauspieler und Revue-Direktor. Sie alle waren vor den Nazis nach Holland geflüchtet, aber von der deutschen Besatzungsmacht aufgespürt und festgesetzt worden. Den Gefangenen war es im Lager erlaubt, recht umfangreiche Programme zu entwickeln. Sketche und Songs wurden zusammengestellt und von einer Häftlingstruppe eingeübt und vorgetragen.

»At its high point, the Group counts fifty-one members, including a full team of musicians, dancers, choreographers, artists, tailors, make-up, lighting and other technicians, as well as stage hands. Contemporary observers unconditionally exclaim that the ›best cabaret in Europe‹ now is in camp Westerbork.«[19]

Der Show war allerdings ein enges Limit gesetzt: »While some scenes are implicitly critical, of course, the Theater Group – at no time – produces openly political cabaret or directly attacks the Nazi regime. To do so would violate the most fundamental condition for the troupe's continued existence. Besides, life in Westerbork is dominated by the persistent threat of deportation on the next transport to an unknown but deeply feared fate in the East. So, standing helpless and unaided before the fascists' executioners and their lackeys, the Theater Group, of necessity, limits itself to entertaining its audiences and to momentarily distracting them from the surrounding horrors. But in so doing, it also gives their captive audiences renewed hope and the courage to face an otherwise unbearable existence.«[20]

Während der 18 Monate des Bestehens der Lagerbühne wurden von den Häftlingen insgesamt sechs Theaterproduktionen inszeniert. »Die Kabarettisten versuchten, wo immer es ging, ihren Mithäftlingen Mut und Zuversicht zu geben. Und sie vertrauten auf den Witz als Waffe und auf das Lachen als gesunde Kraft – auch dann noch, als die SS die Aktivitäten der Häftlinge für ihre mörderischen Zwecke auszunutzen versuchten. (…) Kabarett als Stimmungsdroge, um die Todgeweihten ruhig zu halten.«[21]

Max Ehrlich, der als Revue-Regisseur einer der Leiter der Aufführungen war, gehörte zu diesen Todgeweihten. Als immer mehr Transporte von Holland aus »in den Osten« gingen, wurde auch Ehrlich deportiert und wenig später in den Gaskammern von Birkenau ermordet. Maurice van Kleef, der am 3. Juli 1943 in Westerbork eingeliefert wurde, überlebte das Durchgangslager und das folgende Grauen von Auschwitz.[22]

In der Revue »Humor und Harmonie«, die im September 1943 auf der Lagerbühne Premiere »feierte«, bezog sich eine der insgesamt 18 Szenen direkt auf den Musiker; sie hieß »Lieber guter Schlagzeugmann«. Auch für ihn bedeutete allerdings die Mitarbeit an der Revue nur einen Aufschub der Deportation, van Kleef musste am 16. November 1943 den Eisenbahnzug nach Auschwitz besteigen. Das Schicksal so vieler anderer, sofort nach Ankunft in die Gaskammer geschickt zu werden, musste er nicht erleiden. Er blieb in Auschwitz, bis die Wachmannschaften ihn, zusammen mit anderen Häftlingen, vor Kriegsende noch nach Buchenwald verschleppten. Erst dort erlebte er am 11. April 1945 endlich die Befreiung.[23]

Anfang August 1944 wurde die Lagerbühne Westerbork endgültig aufgelöst und die Revuen fanden ein erzwungenes Ende. »Kommandant Gemmeker (…) schickte seine Kabarettisten auf Transport, die Güterwagen rollten über Theresienstadt in die Vernichtungslager.«[24]

Dies allerdings war ein Blick in die – apokalyptische – Zukunft. Maurice van Kleef gehörte noch wenige Jahre vorher zu jenen europäischen Musikern, die Jazz mit einer erstaunlichen Könnerschaft spielten. Schwarze Musiker und europäische »Jazz cats« spielten auf Augenhöhe miteinander.

Es kam zu verschiedenen musikalischen Gipfeltreffen der ersten Garde der amerikanischen und der europäischen Jazzer. Tief beeindruckt waren die amerikanischen Musiker vor allem von Django Reinhardt, über dessen technische Perfektion und seine improvisatorischen Fähigkeiten sie staunten: »Like a musical magnet, Django and his quintet attracted to its bandstand the best of visiting black American musicians, who took great pleasure when invited to improvise for the audience.«[25]

Eines Abends kurz vor Beginn des Krieges, so berichtet der Jazzpublizist und Jazzmusiker Mike Zwerin, kam ein illustrer Gast in Djangos Club: »France declared war. The first air-raid sirens went off in the middle of the night. It was a false alarm. Django was working in Hot Feet, a tiny club on rue Notre-Dame de Lorette. At 2 a.m. an imposing black man caused a sensation when he sat down at a table. The Gipsy was too busy playing to notice it was Duke Ellington. Finally they exchanged smiles; Ellington sat down at the piano and they played together. Django shook his head from side to side for a few beats, sighing: ›Ah, my friend.‹«[26]

In Paris revolutionierte der *Hot Club of France* das Ansehen des Jazz, vor allem durch Django Reinhardts Quintett: »The Hot Club, with the quintet in the vanguard, brought in many converts who appreciated the style of jazz that was slowly shedding the slam-bang, ragtime beat that characterized its origins. Critics who were unsually indifferent or even hostile to jazz, were struck by the elegance and wit of the [quintet's] music.« Bald traute sich niemand mehr, die Musik als kakofonisch zu verunglimpfen, oder sie herabzusetzen und als »nur für Wilde gemacht« zu denunzieren: »Jazz became a more delicate music.«[27]

Die Jahre 1937 bis 1939, unmittelbar vor dem Beginn des Zweiten Weltkriegs, waren, trotz aller Einschränkungen für die Musiker, eine musikalisch reiche und fruchtbare Zeit. Der europäische Jazz hatte Aufwind. Von Krakau ging es nach Paris, von Paris wieder zurück nach Polen, und sowohl hier als auch dort war von der neuen Blüte der Musik die Rede.

Auch heute ist diese produktive Phase noch deutlich erkennbar, die Aufnahmen des Reinhardt-Quintetts aber auch die Musikstücke, die Eddie Rosner 1938 in Paris einspielte, sind der beste Beleg. Ein enthusiastisches Publikum reagierte in Paris und in Warschau in gleicher Weise, überall, wo es möglich war in Europa, verehrte man die Großen dieser neuen Musik. Niemand dachte wohl in jenen Wochen vor dem Überfall der deutschen Truppen auf Polen, dass die Welt, einschließlich der musikalischen Sphäre, in einen schrecklichen Abgrund gerissen würde.

Im Jahr des Kriegsausbruchs lernte Eddie Rosner in Warschau seine zukünftige Frau Ruth Kaminska kennen. Eine erste Begegnung fand im Theater *Nowośći* statt, wo Ruth zusammen mit ihrer Mutter Ida Kaminska auftrat, beide Sprösslinge einer berühmten Theater-Dynastie.[28] Die Eltern von Ida – Abraham Isaak Kaminski (1865–1918) und Esther Rachel Kaminska (1868–1925) – hatten bereits 1893 ein jiddisches Theater gegründet, das bis heute als *Esther-Rachel-Kaminska-Theater* in der polnischen Hauptstadt besteht.[29] Vor dem Ersten Weltkrieg wurden dort die Theaterstücke der wichtigsten jiddischen Schriftsteller wie Isaak Peretz, Scholem Aleichem und Jacob Gordin aufgeführt. Erfolgreiche Tourneen führten die Theatertruppe auch nach Russland, Westeuropa und in die USA. Nach dem Tod ihres Mannes 1918 führte Ester Rachel Kaminska das Theater in Warschau als Prinzipalin allein weiter und wurde vor allem durch ihre Hauptrolle in Jacob Gordins Stück »Mirele Efros« zur »Mutter des jiddischen Theater«.

Ihre Tochter Ida (1899–1980) setzte diese Tradition in modernisierter Form zusammen mit ihrem Mann Zygmunt Turkow, dem Vater von Ruth Kaminska, im *Varshever Yidisher Kunst Teater* (bekannt als WIKT) fort, das sich explizit als »europäisches Theater in jiddischer Sprache« verstand und auch Klassiker und neuere Stücke der Weltliteratur auf die

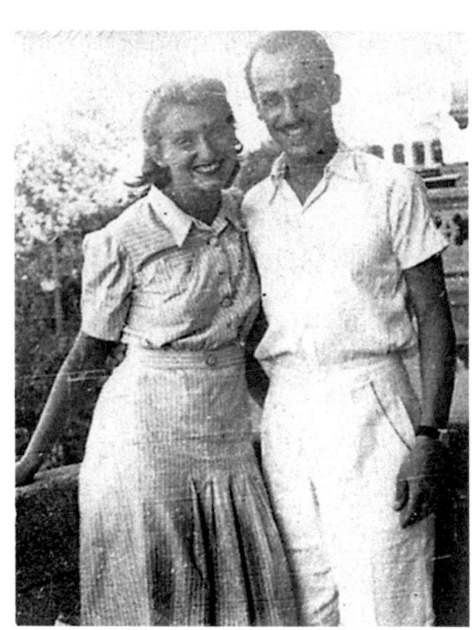

Ruth Kaminska und Eddie Rosner, Warschau 1939

Bühne brachte. Ida Kaminska glänzte unter anderem in einer Theaterfassung der »Memoiren der Glikl von Hameln« in der Titelrolle.

Ihr Bruder Jozef (1903–1972) widmete sich ganz der klassischen Musik. Ein von ihm gegründetes Streichquartett gewann 1934 den polnischen Piłsudski-Preis. Jozef Kaminski wanderte 1937 nach Palästina aus und wurde zum Konzertmeister der Tel Aviver Philharmonie. Zu Weltruhm gelangte Ida Kaminska in den 1960er Jahren durch ihre Hauptrolle in dem tschechischen Film »Das Geschäft auf der Hauptstraße«, der in der Zeit des Holocaust spielt und 1965 mit dem Oscar für den besten nicht-englischen Film geehrt wurde. Ida Kaminska erhielt für ihre Rolle in »Das Geschäft auf der Hauptstraße« ein Jahr später eine Oscar-Nominierung in der Kategorie »Beste Schauspielerin«. Weitere zwei Jahre später verließ sie Polen zusammen mit ihrer Tochter Ruth und ihrer Enkeltochter Erika nach der antisemitischen Kampagne des Jahres 1968.

Die Liebesbeziehung zwischen Eddie Rosner und Ruth Kaminska begann im Sommer 1939 in Lodz, wo die Kaminska-Truppe im Theater und Eddie Rosner in einem Nachtclub auftraten. Viel Zeit blieb dem jungen Paar nicht mehr, das Glück der ersten Verliebtheit zu genießen.

Dichtung und Wahrheit –
Rosner im Zweiten Weltkrieg

Wie Ruth Turkow Kaminska viele Jahre später erzählte, erlebte das frisch verliebte Paar die Bombardierung Warschaus im September 1939 unter einem Piano im Nachtclub *Esplanade* versteckt. Mit der deutschen Besatzung Polens begann für dessen polnische und jüdische Bevölkerung ein traumatisierendes Martyrium, das die polnische Judenheit fast vollständig auslöschte. Auch Eddie Rosner wurde in Warschau von jenen Deutschen eingeholt, vor denen er 1933 geflüchtet war. Dies hielt ihn aber offenbar nicht davon ab, einmal mehr seinen Charme und seine Überzeugungskraft unter Beweis zu stellen, indem er sich direkt in die Höhle des Löwen, nämlich in die Warschauer Gestapo-Zentrale begab, um sich dort für eine bessere Lebensmittelversorgung seiner Familie einzusetzen. Um sein »südländisches« Äußeres zu erklären, gab er sich dabei als Deutsch-Italiener aus – und erreichte sein Ziel.[1]

Doch Rosners abenteuerlicher Einsatz konnte nur die ersten Probleme im Chaos der beginnenden deutschen Besatzung lösen. Noch bevor die Wehrmacht in der polnischen Hauptstadt eintraf, hatte sich Eddie Rosner wie viele andere Juden am Aufbau von Barrikaden beteiligt, die die Deutschen jedoch nicht aufhalten konnten. In ihren Memoiren beschreibt Ida Kaminska die Situation im Keller des *Esplanade*, wohin sich zahlreiche Menschen geflüchtet hatten. Als die Bombardierungen immer bedrohlicher wurden, beteten die jüdischen Flüchtlinge das Kol-Nidre-Gebet. Anschließend wurden sie von ihren polnischen Leidensgenossen gebeten: »Betet auch für uns zu Gott!«[2]

Nach dem Ende der Bombardements erfuhr Ida Kaminska, dass ihr Theater und ihre Wohnung zerstört waren. Sie zog mit ihrem Mann, ihrer Tochter und Eddie Rosner in eine beschädigte Wohnung von Freunden, wo Rosner sie um die Hand ihrer Tochter bat: »Ruth and I slept in one bed, and Mel and Addy Rosner in the other two. The next morning Addy asked me if he could marry Ruth and move in with some friends who had a warm apartment with running water. I agreed. I couldn't even provide basic things for Ruth. I gave her a ring with diamonds, my last extra pair of silk underwear, and two cans of sardines that some people had saved from the burning cellar. That was the dowry I provided my only daughter, from which I had never been separated since her birth (except for the tours, which were of short duration). When Ruth and Addy left, I sat down and imagined my daughter's wedding under normal circumstances.«[3]

Offenbar fand jedoch keine offizielle Eheschließung statt, denn Ruth Kaminska gibt in ihren Erinnerungen an, dass sie erst durch einen entsprechenden Eintrag in den sowjetischen Papieren »ohne Formalitäten«[4] erfolgt sei.

Am 17. Oktober 1939 machten sich Eddie Rosner mit Ruth, ihrer Familie und einigen seiner Bandmitglieder, darunter Lothar Lampel und Georg Schwarzstein, auf den Weg nach Osten, wo mittlerweile die Rote Armee die Ostgebiete der Zweiten Republik Polen annektiert hatte. Als die Flüchtlinge unterwegs in eine deutsche Straßensperre gerieten, konnte Eddie Rosner die Weiterfahrt nur durch eine Flasche Cognac sichern, die er den deutschen Soldaten gab. Laut Ida Kaminska hatte er sie in Warschau bekommen, als er vor Deutschen gespielt hatte.[5]

Vor dem Hintergrund der Erlebnisse und Erfahrungen Rosners mit den Nationalsozialisten verwundert es kaum, dass er nach Erreichen des sowjetisch besetzten Gebiets glaubte, nun endlich in der Freiheit angekommen zu sein.[6] Und tatsächlich waren die nächsten Jahre für Rosner die erfolgreichsten seiner Laufbahn. Innerhalb kürzester Zeit stieg er in der Sowjetunion vom mittellosen Flüchtling zum »Superstar« auf, der ein Massenpublikum zu Begeisterungsstürmen hinriss. Dabei sprach er zunächst kein einziges Wort Russisch. Von Białystok führte der Weg des jungen Paares zunächst nach Lemberg, wo beide im legendären Hotel *George* abstiegen. Rasch bekam Rosner ein Engagement im *Café Bagatelle*, auch wenn hinter seinem Rücken darauf verwiesen wurde, dass er »keiner von uns«[7], also ein Jude, sei. Jedoch erhielt er nur kurze Zeit später ein Telegramm, das ihn nach Białystok einlud, wo man schon in den ersten Kriegsmonaten damit begonnen hatte, ein nunmehr belorussisches Jazzorchester zusammenzustellen.

Białystok war nach Kriegsausbruch zu einem Fluchtpunkt für bekannte Künstler der polnischen Unterhaltungskultur geworden, denen es wie Rosner gelungen war, vom deutsch besetzen Gebiet in das durch die Sowjetunion okkupierte zu gelangen. Unter ihnen waren Stars der Vorkriegsszene wie Henryk Gold oder Jerzy Peterburgski. Auch Jerzy Belzacki, der später als musikalischer Leiter in Rosners Orchester eine der wichtigsten Positionen einnehmen sollte, gehörte zu den Künstlern, die nunmehr unter sowjetischer Ägide versuchten, ihre Tätigkeit im Unterhaltungsbereich fortzusetzen. Offenbar hatten auch führende Vertreter der belorussischen Nomenklatura die Nützlichkeit der »leichten Muse« für die Herrschaftsstabilisierung erkannt, und so beschloss die Kulturabteilung der Belorussischen Republik noch Ende 1939 die Gründung eines staatlichen Jazzorchesters.

Eine Schlüsselrolle kam dabei dem Ersten Sekretär der Belorussischen KP, Pantelejmon Ponomarenko, zu. Die Protektion durch Ponomarenko trug wesentlich zum Aufstieg

Rosners als Star der sowjetischen »Estrada« bei. Ponomarenkos Ruhm in der Sowjetunion lag vor allem in seiner Leitung der offiziellen belorussischen Partisanenbewegung begründet. Faktisch hatte jedoch die belorussische KP-Führung nach dem deutschen Überfall auf die Sowjetunion die Flucht ergriffen und vor allem die jüdische Bevölkerung Weißrusslands ihrem Schicksal, d. h. der grausamen Vernichtung durch die Deutschen überlassen; Evakuierungen wurden nicht vorgenommen. Erst im Mai 1942 wurde beim Obersten Hauptkommando in Moskau, wohin die belorussische KP-Führung geflohen war, ein Zentraler Stab der Partisanenbewegung unter Leitung Ponomarenkos eingerichtet. Als Generalleutnant kämpfte er dann an der Brjansker und der 1. Belorussischen Front. Nach dem Krieg stieg er zunächst zum Sekretär und später auch Mitglied des Präsidiums der KPdSU auf und war 1953/54, als Eddie Rosner aus dem GULAG zurück nach Moskau kam, Kulturminister der UdSSR. Jedoch wurde Ponomarenko im Zuge der Entstalinisierung entmachtet und auf zweitrangige Botschafterposten abgeschoben. So war er als Sowjetbotschafter 1955 bis 1957 in Polen, 1957 bis 1959 in Indien und seit 1959 in den Niederlanden tätig. Der Leitung der belorussischen Partisanenbewegung verdankt Ponomarenko immerhin ein Ehrengrab auf dem Moskauer *Novodeviči*-Prominentenfriedhof, wo er nach seinem Tod 1984 beigesetzt wurde.

Ponomarenkos Beispiel zeigt, dass der Jazz seit den 1920er Jahren nicht nur in Europa, sondern auch in der Sowjetunion angekommen war. Vladimir Panach, der zu den russischen Futuristen gehörte, hatte den New-Orleans-Jazz Anfang der 1920er Jahre in Paris kennengelernt und gründete nach seiner Rückkehr in die Heimat die erste sowjet-russische Jazzband. Wichtig für ihn waren vor allem die mit der neuen Musik verbundene Bewegung und Körperlichkeit; er schrieb: »Alle diese Tänze entsprechen dem Ausdruck eines Jazzorchesters, einer Musik der Dissonanzen, Synkopen, des Krachs, emporstrebenden Blechs, quietschender Knarren, des Pfeifens, Heulens und der Alarmsirenen, die alle zusammen wie alarmierende Stromstöße klingen.«[8] Die neuen Klänge waren anschließend auch in Theateraufführungen des legendären russischen Regisseurs und Schauspielers Vsevolod Meyerhold (1874–1940) zu hören, der 1940 im Zuge des Stalin-Terrors hingerichtet wurde. Im Kontext der »Neuen Ökonomischen Politik« (NEP) entstanden in den großen Städten der Sowjetunion Nachtclubs und Tanzstudios, wo man Charleston und Black Bottom tanzte, und auch Dmitrij Schostakowitsch fand Gefallen an der neuen Musik aus Amerika und schuf seine Version des »Tea for Two«, der bei ihm zum »Tahiti Trott« wurde. Als 1926 die *Benny Peyton Jazz Kings* mit Sidney Bechet in Moskau und anderen Städten der Sowjetunion auftraten, wurden sie frenetisch gefeiert.

Jedoch waren diese Klänge mit den Leitlinien des »Sozrealismus« kaum mehr kompatibel, und es formierte sich ein mächtiges Lager der Jazzgegner, zu dem auch der Schriftsteller Maksim Gorkij gehörte. Er veröffentlichte 1928 in der Parteizeitung *Pravda* einen Artikel, der die Überschrift trug: »Über die Musik der Degeneration«, und wie zahlreiche bürgerlich-konservative Gegner des Jazz assoziierte er die neuen Klänge mit ungezügelter Sexualität, wenn er schrieb: »In die tiefe Stille dringt das trockene Klopfen eines idiotischen Hammers. Ein, zwei, drei, zehn, zwanzig Schläge, und danach ein wildes Pfeifen und Quietschen, als wenn ein Schlammball ins klare Wasser fiele; und dann gibt es ein Rasseln, Heulen und Brüllen wie das Geschrei eines metallenen Schweins, das Quietschen eines Esels oder das amoröse Krächzen eines monströsen Frosches. Das beleidigende Chaos des Irrsinns pulsiert zu einem pochenden Rhythmus. Lauscht man diesen Schreien ein paar Minuten, so stellt man sich unfreiwillig ein Orchester sexuell aufgepeitschter Irrer vor, dirigiert von einem Hengst-Mann, der ein riesiges Genital-Organ schwingt.«[9]

Den sowjetischen Kulturpuristen hatte Gorkij damit den Kurs vorgegeben. Gleichzeitig entstand freilich im Bereich der Unterhaltungsmusik und des Tonfilms in den 1930er Jahren eine spezifische Musikform, in der Jazzelemente durchaus vertreten waren. Sie war Teil der sogenannten »Estrada«-Unterhaltungskultur, die sich in Russland seit Beginn des 20. Jahrhunderts als eigenständiges Genre entwickelte. »Estrada« war eine hybride Kunstform, die verschiedene Genres in sich vereinte (Musik, Tanz, Gesang, humoristisches Theater, Puppenspiel, Zirkuselemente u. v. m.). Auch die Wurzeln der Estrada waren vielfältig: Bäuerliche und städtische Folklore, Volkstheater und Elemente der westlichen Unterhaltungskultur wie Divertissements, Varietés und Freilichtkonzerte vermischten sich in ihr. In den 1930er Jahren waren dann schließlich auch Jazzklänge zu hören.[10]

Zu den herausragenden Vertretern der sowjetischen Estrada wurden Leonid Utesev und Isaak Dunajewskij, beide wie Eddie Rosner jüdischer Herkunft. Utesov und Dunajewskij waren maßgeblich beteiligt an dem Musikfilm »Fröhliche Jungs«, der 1934 in die sowjetischen Kinos kam. Dunajewskij hatte die Musik komponiert, Utesov war der Hauptdarsteller. Die polarisierenden Kritiken zu diesem Film verdeutlichen exemplarisch die beiden großen Lager: Während die Anhänger der neuen Musik deren volksnahen Unterhaltungswert betonten, verteufelten die Gegner sie als bürgerlich-dekadent.[11] Diese beiden Positionen finden sich Ende 1936 auch in einem »Pressekrieg« zwischen den beiden größten sowjetischen Zeitungen *Pravda* und *Izvestija* wieder. Nunmehr war es die *Pravda*, die den Jazz gegen die Angriffe in der *Izvestija* verteidigte, nachdem die Parteizeitung noch 1928 den Schmähartikel Maksim Gorkijs veröffentlicht hatte. Ende 1936 war dann jedoch in der *Pravda* zu lesen: »Wir brauchen auch den Jazz, und wir werden der bourgeoisen Ästhetik und ihren Verfechtern nicht erlauben, ihn von der Bühne zu vertreiben. (...) Es wird Zeit, dass die Herausgeber der Izvestija einsehen, dass sie nicht für immer die Seiten ihres Blattes dem philisterhaften Geschwätz über die Situation des Jazz öffnen können.«[12]

Der Jazz führte also zu einem öffentlichen Schlagabtausch zwischen Partei- und Regierungsorgan. Die amerikanische Musik wurde in den 1930er Jahren »sowjetisiert«, und es begann ein »Rotes Zeitalter des Jazz«. Nur so wurde es schließlich auch möglich, dass 1938 ein *Staatliches Jazz-Orchester der UdSSR* gegründet wurde, dessen Leiter V. Knuševickij war. Bald folgten die Unionsrepubliken mit eigenen Jazzorchestern, und so war die Gründung eines belorussischen Orchesters nur eine Frage der Zeit und ging wohl kaum, wie häufig zu lesen, ausschließlich auf eine persönliche Musikvorliebe des Ersten Sekretärs Ponomarenko zurück, auch wenn dieser Rosner später gern zu Konzerten auf seine Datscha einlud.[13]

Es war wohl vor allem Jerzy/Jurij Belzackij, der sich im Herbst 1939 dafür stark machte, Rosner als Leiter eines belorussischen Jazzorchesters nach Minsk zu holen. Belzackij kannte Rosner aus Warschau. Er hatte dort das Konservatorium besucht und anschließend als Pianist in einem Café gearbeitet. Wie sich Jurij Cejtlin, später Mitglied in Rosners Orchester, erinnert, prägte Belzackij dessen musikalisches Gesicht vor allem durch seine Kompositionen, Arrangements und die Leitung der Proben.[14]

Rosner willigte ein und war fortan nur noch Eddie und nicht mehr Ady Rosner. In kürzester Zeit stellte er ein Jazzorchester zusammen, das vor allem aus geflohenen Musikern aus Deutschland und Polen bestand. Die ersten Auftritte in der belorussischen Hauptstadt Minsk waren eine Sensation. Immer wieder kolportiert wird ein Ausruf der bis dahin unangefochtenen Nummer eins des sowjetischen Showbusiness Leonid Utesov »Das war's, Jungs. Wir können einpacken!«[15] Dass Rosner für sowjetische Verhältnisse astronomische Gehälter, modernste Bühnentechnik und Kostüme heraushandeln konnte, spricht in der Tat für ein besonderes Faible des belorussischen KP-Sekretärs für den Jazz. Doch lag der große Erfolg Rosners nicht zuletzt darin begründet, dass er gleichsam ein West-Import war und durch sein gutes Aussehen, seinen Charme und die perfekte Bühnenshow die Träume vom Goldenen Westen der einfachen Sowjetbürgerinnen und -bürger personifizierte. Im April 1940 trat Rosner mit seinem belorussischen *Gosdžas-Orchester* an vier Abenden hintereinander in der Staatlichen Philharmonie in Minsk auf. Bei der Premiere war die gesamte Parteispitze vertreten, und der Erste Sekretär begab sich in der Pause sogar hinter die Bühne, um mit Ruth Kaminska, die als Sängerin engagiert war, über deren Großmutter, die berühmte jüdische Schauspielerin Esther Rachel Kaminska, zu plaudern, die Ponomarenko als Student in Odessa auf der Bühne gesehen hatte.[16]

Das erste Programm des *Staatlichen Belorussischen Jazz-Orchesters* bestand vor allem aus dem Vorkriegsrepertoire. Mit Tanz- und Gesangseinlagen wurden »Caravan«, »St. Louis Blues«, »Tiger Rag« und andere Songs auf die Bühne gebracht. Das Orchester war stets in weiße oder schwarze Smokings gekleidet, die Garderobe der Sängerinnen entsprach dem neuesten Chic und wurde in Lemberg genäht. Bei den Proben wurde Deutsch, Jiddisch, Russisch oder Polnisch in bunter Mischung gesprochen. Wie Rosner und Belzackij waren auch die meisten anderen Orchestermusiker an verschiedenen europäischen Konservatorien ausgebildet worden und beherrschten ihre Sache perfekt. Davon konnte man sich schon 1940 in der gesamten Sowjetunion überzeugen, als der Film »Konzertwalzer« in die Kinos kam. Neben der klassischen Musik, vertreten durch David Oistrach, kam darin auch Rosners »verjazzte« Fassung des Straußwalzers »Geschichten aus dem Wienerwald« zu Gehör, was deutlich macht, dass Rosner in kürzester Zeit auch das Wohlwollen der höchsten Staats- und Parteiführung gewonnen hatte, ohne deren Placet kein Film gedreht werden konnte. Oistrach und Rosner waren beide jüdischer Herkunft, was zu diesem Zeitpunkt kein Hinderungsgrund war, um in der Sowjetunion zu einem Star der klassischen oder leichten Unterhaltungskunst zu werden. Als Rosner jedoch unter Berufung auf die verschiedenen nationalen Musiktraditionen in der Sowjetunion eine jüdische Rhapsodie spielen wollte, wurde ihm dies untersagt.[17]

Der Siegeszug des aus polnischen und deutschen Flüchtlingen gebildeten Jazzorchesters hielt bis zum deutschen Überfall auf die Sowjetunion an. Nach Auftritten im Leningrader Erholungspark eroberte Rosner mit seinen Musikern auch das Publikum der Hauptstadt Moskau, wo er im Herbst 1940 einen Monat lang im »Mekka« der sowjetischen Estrada *Ermitaž* auftrat. Der Theaterkomplex *Ermitaž* in der Karetnyj rjad-Straße in Moskau war bereits 1894 entstanden. In einem städtischen Park waren nach und nach ein Wintertheater, ein Sommertheater und eine Freilichtbühne gebaut worden. Das Moskauer Künstlertheater spielte dort, und es waren auch Operettenmusik und Militärkapellen zu hören. Nach der Oktoberrevolution stand die *Ermitaž* für kurze Zeit unter der Leitung der Künstler des »Proletkult«, doch allmählich setzte sich wieder die Unterhaltungskultur durch. Die Mitherausgeberin der russischen Enzyklopädie »Estrada in Russland« Uvarova hält fest: »Man kann ohne Übertreibung sagen, dass auf den Bühnen des Estradentheater Ermitaž ein halbes Jahrhundert lang das Beste, was die sowjetische Estrada zu bieten hatte, aufgeführt wurde.«[18]

Als Rosner dort zum ersten Mal auftrat, versammelte sich Abend für Abend »ganz Moskau« in einem völlig überfüllten Auditorium, um die westliche Musik des deutschen Emigranten zu hören. Rosners Auftritt in Moskau wurde sogar in der wichtigsten sowjetischen Kunstzeitschrift *Sovetskoe iskusstvo* ein halbseitiger Artikel gewidmet. Dessen Verfasser, G. Šneerson, gibt den Lesern seines Artikels »Anmerkungen zum Jazz« zunächst eine Antwort auf die Frage »Was ist Jazz?«, der dessen sowjetische Lesart zu Beginn der 1940er Jahre verdeutlicht: »Manche bezeichnen jedes kleine Orchester, in dem Saxofone, Trompeten und Posaunen die Hauptrolle spielen, als Jazz. Andere halten jedes beliebige musikalische Ensemble vom Typ Estrada oder Zirkus, in dem nicht nur gespielt, sondern auch eine Vorstellung gegeben wird, für Jazz. Wieder andere, die mehr bewandert sind, glauben, dass Jazz die Methode der Ausführung, die Art des Spielens und Tonerzeugung und Orchestrierungsmittel sind, die sich von einem symphonischen Orchester unterscheiden. Das ist nahe an der Wirklichkeit, jedoch noch nicht alles. Das Wichtigste ist, **welche Musik das Orchester spielt und wie es sie spielt, denn Jazz** – das ist vor allem **Jazzmusik**. Eine originelle und interessante musikalische Sprache, deren Wurzeln in der Negerfolklore liegen. (…) Jazz – das ist ein hinreißendes Tanzlied, ein bezauberndes Lied, eine hervorragende Improvisationskunst, die virtuose Beherrschung der Instrumente, der fröhliche Glanz einer musikalischen Estradenvorführung. Auf diesem Gebiet hat der Jazz keine Konkurrenz. Ein hervorragendes Beispiel für diese These ist der Auftritt des Staatlichen Jazz-Orchesters der BSSR (Belorussische Sozialistische Sowjetrepublik) unter der Leitung Eddi Rosners, das zur Zeit in der ›Erimitage‹ gastiert (Hervorhebungen im Original, GP).«[19]

Im typischen schulmeisterlichen Ton der offiziellen Presse schränkt der Verfasser im Folgenden zwar ein, dass Rosner noch nicht die Höhen der Jazzkultur erreicht habe und vieles im Repertoire noch zu verbessern sei, nicht zuletzt deshalb, weil das Repertoire ausschließlich aus amerikanischen Jazzstandards bestehe. Doch dann fährt er fort: »Im Orchester sind einige ausgezeichnete Musiker, die ihre Instrumente sehr gut beherrschen. Zuhörer und Zuschauer erfreut das schnelle Tempo, das lebendige, gut zusammengesetzte Spiel, die Ungezwungenheit und Eleganz in der Präsentation der musikalischen und vokalischen Nummern. Der beeindruckende Musiker Eddie Rosner demonstriert glanzvoll seine herausragende Technik, sein makelloses Rhythmusgefühl, ein reiches Spektrum an Intonation und Timbres. Die Trompete wird in seiner Hand zu einem gefügigen Instrument, mit dem er die unterschiedlichsten Klänge erzeugt. Besonders gut gelingen ihm die Timbres, die sich dem Klang der menschlichen Stimme nähern. Neben Rosner ist noch der ausgezeichnete Klarinettist und Saxophonist Levitin zu erwähnen, der den ›Hot‹-Stil ebenfalls gut beherrscht. Seine rhythmisch freien und in ihrer Intonation sehr interessanten Passagen harmonieren bestens mit dem kühnen und ausdruckstarken Spiel Rosners.«[20]

Positiv hervorgehoben wird von Šneerson auch der russische Conferencier der Truppe, K. Krukovskij. In der Sowjetunion hatte er schon zuvor einen gewissen Bekanntheitsgrad als Kabarettist und Komiker erlangt und wurde für Rosner zu einem unentbehrlichen Bindeglied in der Kommunikation mit seinem russischen Publikum. Auch Lothar Lampel kann vor dem strengen Blick des Kritikers bestehen – im Gegensatz zu Ruth Kaminska, die nach Auffassung Šneersons mit ihrem »wenig interessanten Liedchen« nicht das Niveau des Orchesters erreicht. Abschließend hält der Musikkritiker fest: »Als Resume möchte man seine Zufriedenheit darüber ausdrücken, dass sich in die Familie der sowjetischen Musiker und Künstler ein gutes, talentiertes Kollektiv eingereiht hat, dem eine schöne Zukunft bevorsteht. Dieses Kollektiv sollte sich nicht auf seinen Erfolgen ausruhen und verstärkt an seinem Repertoire arbeiten, unermüdlich seine Meisterschaft vervollkommnen und neue Wege in der Schaffung sowjetischer musikalischer Jazzaufführungen suchen. Hier sollten die sowjetischen Komponisten dem Kollektiv unter der Leitung E. Rosners zu Hilfe kommen.«[21]

Wir können nur darüber spekulieren, wie Rosner diesen Artikel, den man ihm gewiss übersetzt hatte, aufnahm. Die Botschaft war eindeutig: Der Jazz müsse von zu vielen westlichen Einflüssen gereinigt und sowjetisiert werden.

Gleichwohl war der offiziellen Kulturpolitik zunächst sehr viel daran gelegen, diesen »Westimport« in die sowjetische Unterhaltungskultur zu integrieren. Daher gewährte man den Neuankömmlingen einen für sowjetische Verhältnisse ungewöhnlich hohen Lebensstandard. In Moskau wohnte Rosner mit seiner Frau ausgesprochen luxuriös in einem Vier-Raum-Apartment im Hotel *Moskva* mit Blick auf den Roten Platz und den Kreml. Ruth Kaminska erinnert sich an rauschende Feste mit Moskauer Künstlern, bei denen der Wodka »wie der Don« floss. Allerdings wurden Rosner und seine Frau spätestens in Moskau mit der Tatsache konfrontiert, dass ihre privilegierten Lebensverhältnisse in krassem Widerspruch zum Alltag der sowjetischen Durchschnittsbürger standen. Im Wodkarausch äußerte demnach ein sowjetischer Schriftsteller bei einer der Partys im Hotel *Moskva*: »Ihr, Ihr Beiden. Ihr kommt aus einer freien Welt, einer freien Kunst. Und jetzt versinkt Ihr im selben Schlamm wie wir.«[22] Inwieweit dieses Zitat einem überwiegend amerikanischen Lesepublikum der späten 1970er Jahre geschuldet ist, sei dahingestellt.

Vorerst aber genossen Rosner und seine Frau die neuen Möglichkeiten. Im Dezember 1940 machte Rosner erste Plattenaufnahmen in Moskau, im Frühjahr ging er mit seinem Orchester auf große Tournee in die südlichen Sowjetrepubliken. Bei dieser Tournee kam es dann auch zu einer Epi-

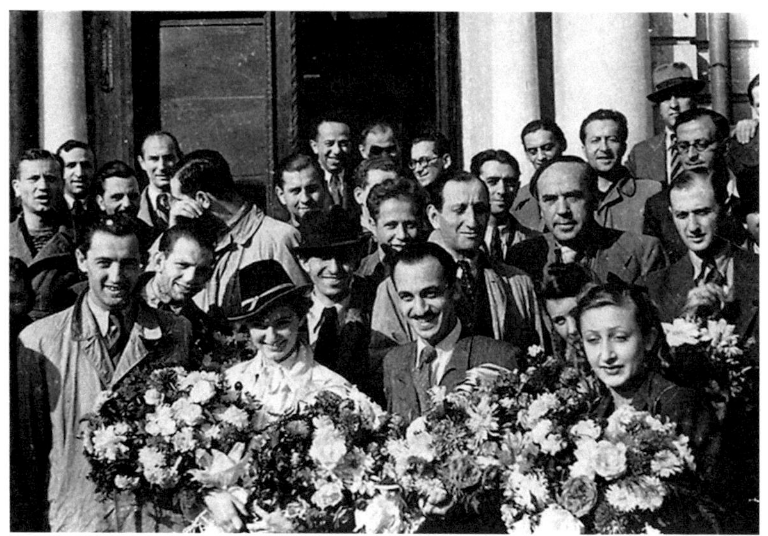

Eddie Rosner und Ruth Kaminska, Charkov 1940

sode, die sowohl Rosner als auch seine Frau gern erzählten: Demnach wurde das Orchester im Sommer auf allerhöchsten Befehl nach Sotschi beordert. Als die Musiker die Bühne betraten, sahen sie sich jedoch einem leeren Publikumsraum gegenüber, was sie nicht davon abhielt, die Show zu starten. Wie Ruth Kaminska erinnert, klingelte erst am nächsten Morgen in beklemmender Atmosphäre das Telefon. Der Manager des Orchesters nahm ab: »Als er wieder auflegte, blieb er stumm und starrte auf das Telefon. Dann sagte er sanft: ›Man hat mir gesagt, dass dem Boss die Vorstellung gefallen hat.‹ Dann schien er immer größer zu werden und sagte lauter: ›Jetzt sind wir wirklich im Geschäft.‹ Bis zu diesem Tag hatte uns niemand gesagt, dass wir vor Josef Vissarionovich Stalin auftreten würden.«[23]

Der Sommer des Jahres 1941 brachte für Rosner zwei höchst gegensätzliche Ereignisse: den deutschen Überfall auf die Sowjetunion und die Geburt seiner Tochter Erika (benannt nach den Initialen der Urgroßmutter Esther Rachel Kaminska – E-R-K). Wie andere Prominente wurde auch Rosner mit seinem Orchester aus der sowjetischen Hauptstadt in weiter östliche gelegene Republiken evakuiert. Erika Rosner kam in Frunze zur Welt, während sich Rosner und sein Orchester noch in Omsk aufhielten. Wie privilegiert die Lage der Familie immer noch war, verdeutlicht die Erinnerung Ruth Kaminskas, dass bei einer Komplikation während der Schwangerschaft der polnisch-jüdische Arzt Dr. Bloch aus Lemberg eingeflogen wurde. Nur kurze Zeit vor Erikas Geburt kam in Frunze auch der Sohn ihrer Mutter, Viktor, zur Welt.[24]

Die bald darauf gebildete Anders-Armee aus polnischen Flüchtlingen in der Sowjetunion bot für die Musiker eine große Chance, in westlichere Gefilde zurückzukehren. Auch Rosner spielte offensichtlich mit dem Gedanken, sich wie seine Kollegen Jerzy Peterburski und Henryk Wars mit ihren Orchestern der Anders-Armee anzuschließen. Es waren vor allem seine junge Frau und ihr Baby, die ihn davon abhielten. Durch die Bildung der Anders-Armee verlor Rosner zwölf seiner insgesamt 26 Orchestermitglieder. In der Folgezeit wurden das Orchester und seine Musik deutlich sowjetischer, russischer. Und wieder half Pantelejmon Ponomarenko: Er schickte ein Telegramm, in dem er um tatkräftige Unterstützung bei der neuen Zusammensetzung des Orchesters bat. Jurij Cejtlin, der seit 1942 dazugehörte, hält fest: »Ponomarenko vergötterte Rosner.«[25]

Die neuen Orchestermitglieder kamen aus verschiedenen Städten der Sowjetunion. Zwei »Zugpferde« übernahm Rosner jedoch von seinem Kollegen Wars: die Brüder Albert und Metek Harris (Geburtsname: Hekelman). Sie hatten sich 1937 im Warschauer *YMCA-Club* bei einem Jazzkonzert kennengelernt. Albert war als Sänger und Gitarist für seinen Swing berühmt, Metek spielte Piano und arrangierte. Als 1943 die

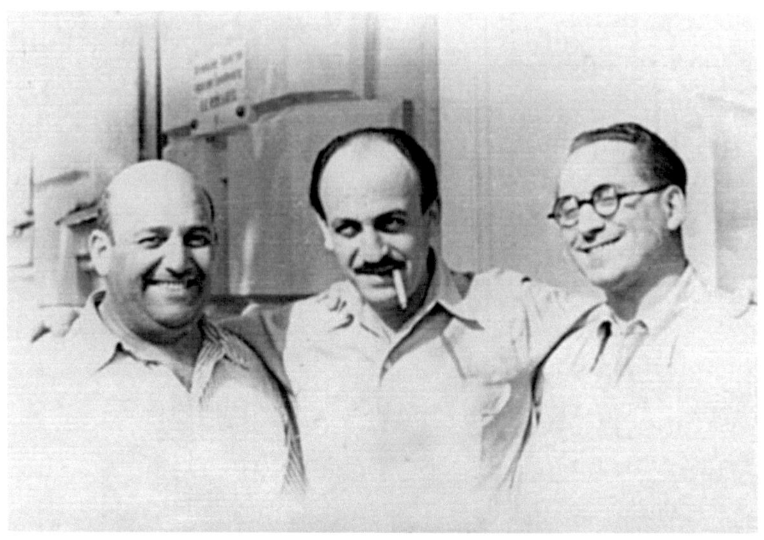

Pavel Gofman, Eddie Rosner und Louis Markowitsch, 1950er Jahre

polnische Kosciuszko-Division innerhalb der Roten Armee gegründet wurde, verlor Rosner die beiden wieder. Beide Brüder zog es wieder in die alte Heimat Polen zurück, und Albert Harris' »Lied über Warschau« wurde anschließend zur heimlichen Hymne der polnischen Soldatinnen und Soldaten.[26]

Bis zur Auflösung des Orchesters nach Rosners Verhaftung 1946 blieben Pavel Gofman und Louis Markowitsch im Orchester die einzigen, mit denen sich Rosner duzte. Beide hatten eine ähnliche Biografie wie Rosner: Markowitsch war als Kind polnisch-jüdischer Eltern in Leipzig aufgewachsen, wo er als junger Mann im Rundfunkorchester gespielt hatte. Da er zunächst noch schlecht Russisch sprach, übernahm er in verschiedenen Stücken den Scat-Gesang und einen »Tiroler Jodler«. Gofman hatte in Warschau die Chopin-Musikhochschule besucht und war im Vorkriegspolen als Jazzsänger und Parodist bekannt.[27]

Der deutsche Überfall auf die Sowjetunion hatte Folgen für die Kommunikation bei den Proben: Nachdem sich einer der neuen Musiker weigerte, in der »faschistischen Sprache« zu reden, wurde bei den Proben nur noch Russisch oder Polnisch gesprochen. Auch unterschied man zwischen den »unsrigen« Sowjetbürgern und den »nicht-unsrigen« polnisch-jüdischen Musikern.[28]

Das neu zusammengestellte Orchester tourte nun wieder durch die Sowjetunion und bekam dafür einen eigenen Eisenbahnwagon. Nur Rosner und seine Familie verfügten darin über ein eigenes Abteil, die anderen Musiker, die zum Teil ebenfalls mit Frau und Kind unterwegs waren, teilten sich ein Abteil zu sechst, so dass der Vergleich mit einer typisch sowjetischen *Komunalka* (kommunale Gemeinschaftswohnung) für manche nahe lag. Erst als sich ein höherer Eisenbahnfunktionär in eine der Sängerinnen des Orchesters verliebte, wurde die drangvolle Enge durch einen zweiten Eisenbahnwagen etwas gemildert. Unterwegs vergnügte man sich mit Kartenspielen und Dixieland-Sessions, bei denen Rosner auch Geige spielte.[29]

Der Jazz als »amerikanische Musik« erhielt in Anbetracht der sowjetisch-amerikanischen Waffenbrüderschaft im Zweiten Weltkrieg plötzlich eine völlig neue Bedeutung. Dies hatte auch zur Folge, dass Rosner mit seinem Orchester am Silvesterabend 1942 in Vladivostok vor amerikanischen Soldaten spielen konnte. Jedoch war der Kontakt mit ihnen strengstens untersagt. Nachdem bei einem der Musiker amerikanische Jazzplatten gefunden wurden, schaltete sich sogar der sowjetische Geheimdienst NKWD ein.[30]

Auch in anderer Hinsicht wurden die Musiker mit dem Kriegsgeschehen konfrontiert. Nach dem Rückzug der deutschen Wehrmacht aus Weißrussland beorderte Ponomarenko Rosner zunächst in das befreite Gomel' zu einer Siegesfeier, nachdem er zuvor bereits dafür gesorgt hatte, dass der Musiker als »Verdienter Künstler der Belorussischen Sowjetrepublik« geehrt wurde. In Gomel' traf Rosner einen anderen prominenten Vertreter der sowjetischen Nomenklatura: den aus Polen stammenden Marschall Konstanty Rokossowski, der aufgrund seiner militärischen Leistung bei der Abwehr der Wehrmacht zweimal als »Held der Sowjetunion« ausgezeichnet wurde. Als Rosner Rokossowski in Gomel' traf, hatte dieser bereits hinter sich, was Rosner noch bevorstehen sollte: Nachdem Rokossowski zunächst als Absolvent einer sowjetischen Offiziersschule, auf der er zusammen mit dem späteren Generalstabschef der Roten Armee und Sieger der Schlacht um Berlin, Georgij Žukov, gewesen war, eine glänzende militärische Karriere gemacht hatte, wurde er 1937 im Zuge der Stalinschen Säuberungen verhaftet und wegen angeblicher Spionage für Polen und Japan zu zehn Jahren Straflager im Gulag verurteilt. Jedoch war er Stalin offenbar weniger suspekt als andere hochrangige Militärs, die den Säuberungen zum Opfer fielen, denn 1940 kam Rokossowski wieder frei und wurde zu einem der Oberbefehlshaber der Roten Armee. Internationale Aufmerksamkeit zog Rokossowski 1943 auf sich, als er nach der Schlacht von Stalingrad Feldmarschall Paulus interviewte. Nachdem er 1944 zum Marschall der Sowjetunion befördert worden war, erhielt er das Kommando bei der Siegesparade auf dem Roten Platz, die er zu Pferde neben Marschall Žukov anführte. Im zerstörten Gomel' war der Kriegsheld von Rosners Musik begeistert und schenkte ihm als Andenken eine Zigarettenschachtel mit Widmung, die Rosner fortan in Ehren hielt. Eine noch größere Genugtuung war jedoch ein Geschenk Ponomarenkos nach Rosners Konzert im befreiten Minsk: Aus deutschen Wehrmachtsbeständen erhielt er einen Ford zur privaten Nutzung.[31]

Allerdings fragt man sich, wo Rosner in Minsk aufgetreten ist. Die Stadt war zu 95 Prozent zerstört, rund drei Millionen Menschen, d. h. drei von vier Einwohnern, der deutschen Kriegs- und Besatzungsherrschaft zum Opfer gefallen. Rund 500.000 Juden und Jüdinnen waren in Weißrussland grausam ermordet worden, viele Dörfer vollständig ausgelöscht.

Die deutsche Niederlage zeichnete sich nach Stalingrad immer deutlicher ab, und so geschah es, dass Rosner im September und Oktober 1944 Plattenaufnahmen in den *Melodija*-Studios in Moskau machte, während gleichzeitig deutsche Kriegsgefangene durch die sowjetische Hauptstadt geführt wurden. Es waren hier vor allem Jazzstandards, die aufgenommen wurden. Als Rosner mit seinem Orchester ein Jahr später erneut in die Tonstudios ging, enthielt das Programm weitaus mehr sowjetisches Liedgut. Immer noch war seine Musik gefragt; die Zahl seiner Konzerte betrug laut Jakov Basin im Jahre 1944 175, ein Jahr später dann sogar 229. Jurij Belzackij, der Rosner treu geblieben war, tat 1945 auch etwas für die polnisch-sowjetische Völkerfreundschaft und komponierte für das Orchester eine »Slawische Phantasie«, für die er Themen aus der Musik Tschaikowskis, Chopins und Wieniawskis mit den Klängen des bekannten russischen Volkslieds »Auf dem Feld die Birke stand« mischte.[32] Der im September 1945 aufgenommene Foxtrott »Paren'-Parenek« (frei übersetzt: »So ein Teufelskerl«) nahm wiederum Elemente der russischen Volksmusik auf. Pavel Gofman lieferte den Gesang dazu. In Polen wurde dieses Lied mit einem polnischen Text und dem Titel »Cicha woda« (»Stilles Wasser«) in den 1950er Jahren zu einem der bekanntesten Schlager, den einer der beliebtesten Sänger der Volksrepublik, Zbygniew Kurtycz, sang. Während in Russland Eddie Rosner als Komponist dieses immer noch populären Schlagers gilt, nahm Kurtycz, der seit Anfang 1943 als Gitarrist in Rosners Orchester spielte, die Urheberschaft für sich in Anspruch: »Irgendwann während einer langen Reise im Bahnwagon spielte und sang ich Lieder vor mich hin, die ich selbst komponiert hatte. Rosner kam und fragte mich, was ich da summe. Ich antwortete, das sei so ein Stückchen, noch nicht fertig. ›Dann versuch's doch‹, sagte er und beauftragte einen der Musiker, etwas zu schreiben herauszuholen. Dann schrieb er die ganze Melodie auf eine Schachtel Zigaretten oder Streichhölzer.«[33]

Die verschiedenen russischen Textversionen von »Paren'-Parenek« sprechen jedoch für eine Entstehungszeit vor 1943. Ursprünglich ging es in dem Lied um einen »Teufelskerl« und Alleskönner, der allerdings zu schüchtern ist, einem hübschen Mädchen eine Liebeserklärung zu machen. Nach dem deutschen Überfall auf die Sowjetunion wurde der Text aktualisiert: Der »Teufelskerl« wurde nun als Soldat zur Vaterlandsverteidigung eingezogen, der »den faschistischen Banden zeigt, wie ein Teufelskerl kämpft«. In der Plattenversion, die Rosner nach dem sowjetischen Sieg im »Großen Vaterländischen Krieg« im September 1945 einspielte, singt Pavel Gofman dann in der letzten Strophe:

»Er säuberte den Westen und den Osten
von feindlichen Banden,
so dass man hier sagen muss:
Dieser Bursche ist einfach ein Wunder.«

Auf diese Weise spiegelten sich Krieg und Politik auch in der Unterhaltungskultur wider, und der »Teufelskerl« entsprach nunmehr auch dem sowjetischen Heldennarrativ des Zweiten Weltkriegs. Dass Rosner damit Probleme hatte und trotz seiner großen Erfolge in der Sowjetunion bereits während des Krieges entschlossen war, mit seiner Familie nach Polen zurückzukehren, zeigt sein Beitritt zum pro-sowjetischen *Bund Polnischer Patrioten,* der dazu ausersehen war, die zukünftige Volksrepublik Polen aufzubauen. Unmittelbar nach Kriegsende nahm Rosner aber noch an den Siegesfeiern teil.

Zwar wurde das Orchester von Leonid Utesov dafür auserkoren, am Tag des Sieges beim großen Fest in Moskau zu spielen. Jedoch trat Rosner mit seinen Musikern bei der Siegesfeier erneut im Leningrader »Erholungspark« auf. Das Motto »Wir feiern!« sprach wohl auch ihm und seinem Orchester aus dem Herzen. Die große Show, die Rosner dafür entworfen hatte, wurde dann kurze Zeit später in Moskau gezeigt – die Karten waren schon einen Monat vorher ausverkauft![34]

Eine genaue Beschreibung des Auftritts im Moskauer Gorkij-Park im Sommer 1945 verdanken wir dem sowjetischen Literaturwissenschaftler und -kritiker Kornelij Zelenskij, der allerdings die Begeisterung des Publikums nicht teilt. Jedoch erwähnt er unter anderem eine Nummer des Programms, in der mit musikalischen Mitteln die Geschichte des Zweiten Weltkriegs dargestellt wurde: »In den ersten Teilen erinnert diese musikalische Geschichte in der Art ihres Aufbaus entfernt an die siebte Symphonie D. Schostakowitschs mit dem Unterschied, dass das ›deutsche Thema‹ entlehnt wird. Die Deutschen kommen nach Paris/dumpfe deutsche Märsche/ und Frankreich unterwirft sich den Eroberern/es erstirbt der Walzer ›Unter den Dächern von Paris‹./Die Deutschen kommen nach Wien/dieselben Märsche,/dann müssen Strauß und die ›Geschichten aus dem Wienerwald‹ ebenfalls den Weg der Gewalt frei machen. Schließlich hören Sie auf dem Flügel gespielte Signale einer ›wichtigen Mitteilung‹ – die ersten Takte von Dunajevskij ›Weitläufig ist mein Heimatland‹. Die Rote Armee geht zum Angriff über und die deutschen Märsche gehen in Motiven russischer und sowjetischer Komponisten über. Diese kompilierte musikalische ›Programmatik‹ wurde äußerst kunstvoll und gewissenhaft von Jurij Belzackij erdacht und orchestriert, aber vielleicht sind es gerade diese Eigenschaften der Komposition, die bei uns die Frage aufkommen lassen: Wozu? Wozu eine solche Programmatik für die

Jazzmusik und für ausgerechnet dieses Orchester? Und unwillkürlich ergreift uns ein Gefühl des Unbehagens in Hinblick auf den Regisseur, der in einer so aufdringlichen Weise versucht, die Zugehörigkeit des Jazz zum allgemein-sowjetische Leben zu betonen, und ein Mitgefühl für die Ausführenden, die diese ›ideologischen Phantasien‹, welche in musikalischem Sinne nicht organisch ausgedacht wurden, willig ausführen.«[35]

Doch schon bald drehte sich der kulturpolitische Wind in der Sowjetunion. Die Kampagne gegen den »Kosmopolitismus« traf auch Eddie Rosner. Im Regierungsorgan *Izvestija* wurde im August 1946 ein Schmähartikel platziert, der ihn direkt angriff und mit dem Stereotyp des »Fremden« spielte. Rosner wurde als drittklassiger Trompeter aus dem westlichen Varieté diffamiert, der eine oberflächliche und ideenlose Musik spiele. Verfasserin war Jelena Groševa, die 20 Jahre später angab, auf Anweisung des Vorsitzenden der Kunstkommission in der Regierung gehandelt zu haben.[36] Bereits die Überschrift des Artikels »Abgeschmacktes auf der Bühne« macht deutlich, wie sehr sich der Ton seit 1940 gewandelt hatte. Weiter lesen wir: »Schon seit langem vergessene zügellose Melodien, ›Pupsik‹, ›Ojra‹, ›Schwarze Augen‹ und weitere Schöpfungen einer Kneipenmuse, ein abgeschmackter, dummer Text, vorgetragen in einer verdorbenen Umgangssprache, widerlich süße Jammereien ›über die Liebe‹, sinnlose Akrobatik anstelle von Tanz. In welcher Zeit, in welchem Land kann so eine Kunst bestehen? Das fragt sich der gequälte Zuschauer, der die neue Jazzkonzertvorstellung unter der Leitung Eddi Rosners auf der Bühne des CDKA-Theaters besucht hat. (…) In dem, was von der Bühne zu hören war, war nichts, aber auch gar nichts, was dem Geschmack des sowjetischen Zuschauers entsprach. Es gab nicht ein einziges gutes sowjetisches Lied, nicht eine einzige belorussische Volksmelodie, obwohl sich Rosners Jazz-Orchester

Staatliches Kollektiv der belorussischen SSR nennt. (…) Die hausgemachten Witzeleien und der abgeschmackte musikalische Schund eigener Machart füllen fast das ganze Jazzprogramm. Das mag in einem drittklassigen Variete in den Hinterhöfen Westeuropa erträglich sein, aber nicht auf der sowjetischen Bühne. Rosner fühlt sich offensichtlich in dieser modrigen, geschlossenen kleinen Welt, die nicht mit dem Atem der Zeit in Berührung gekommen ist, sehr wohl. Wie früher schon vor acht Jahren demonstriert er den Umfang seiner Lungen, seine Tricks sind einförmig und haben wenig zu tun mit Musik. (…) Der sowjetische Zuschauer liebt guten Jazz, liebt ein fröhliches, geistreiches Repertoire, das auf wahrer Musikalität und gesundem Humor basiert. Der Jazz Rosners hat damit nichts gemein. Das sowjetische Volk fordert von der Kunst, darunter auch der Kunst der kleinen Formen, gedanklichen Inhaltsreichtum, wahre Meisterschaft. Auf der sowjetischen Bühne hat Abgeschmacktes und Billiges nichts zu suchen. Es ist höchste Zeit, dass die belorussischen Organisationen ebenso wie die staatliche sowjetische Konzertagentur ihre Verantwortlichkeit vor den Zuschauern begreifen, denen die ›Kunst‹ des Jazz E. Rosners fremd ist.«[37]

Auch wenn Rosners Konzerte weiterhin ausverkauft waren, war dies ein höchst beunruhigendes, sogar lebensbedrohliches Alarmsignal, und es ist verständlich, dass Rosner nunmehr alle Anstrengungen unternahm, im Rahmen der Repatriierung polnischer Staatsangehörigerer schnellstmöglich die Sowjetunion zu verlassen. Ida Kaminska überliefert in ihren Memoiren, dass ihr Rosner in seiner Muttersprache Deutsch versicherte: »Mama, Du wirst sehen. Ich werde früher in Polen sein als Ihr.«[38] Rosner hatte zunächst offenbar das Gespräch mit seinem Protektor Ponomarenko gesucht, der jedoch nicht für ihn zu sprechen war und ihm durch seinen Adjutanten ausrichten ließ, er solle erst einmal Urlaub auf der Krim machen. Statt nach Sotschi zu fahren, begab sich

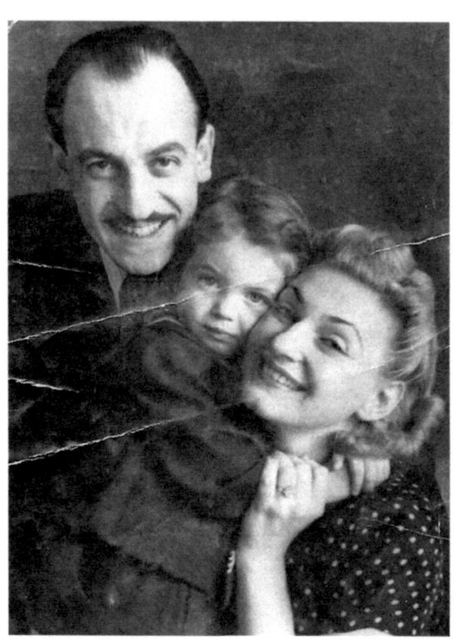

Eddie Rosner, Erika Rosner und Ruth Kaminska, Moskau 1946

Rosner jedoch mit Frau und Kind nach Lemberg, von wo aus die Züge nach Polen abfuhren. Wie Ruth Kaminska erinnert, gelang es Rosner sogar durch Bestechung, mit seiner Familie in die Repatriierungslisten aufgenommen zu werden und Bahnfahrkarten für den 28. November 1946 für einen Zug in Richtung Polen zu bekommen. Es wurde der Familie jedoch buchstäblich zum Verhängnis, dass sie diese Reise aufgrund einer Erkrankung der kleinen Tochter nicht antreten konnte. Nur kurze Zeit später wurden Eddie Rosner und Ruth Kaminska in Lemberg verhaftet und verschwanden für Jahre im stalinistischen Gulag-System.

Bereits einige Monate zuvor war die Musik Eddie Rosners allerdings in einem sowjetischen Kriegsgefangenenlager zu hören gewesen, wie sich Emil Mangelsdorff, einer der wichtigsten deutschen Jazzmusiker erinnert, der in der Kriegsgefangenschaft einen sowjetischen Film mit Eddie Rosner und seinem Orchester sah: »Das war vielleicht so 1946, im Mai, Juni, so um diese Zeit, da kam zum ersten Mal jemand, die hatten so einen Wagen, das war ein mobiler Vorführer, der mit seinem Gerät zum Gefangenenlager oder wo auch sonst, hinfuhr, um dort Filme zu zeigen. Es waren in der Regel Filme mit propagandistischem Inhalt, natürlich. Man wollte a) zeigen, wie großartig in der Sowjetunion Film gemacht wurde. Man wollte aber auch zeigen, an Hand des politischen Inhalts, wie fortschrittlich die Sowjetunion ist, wie fortschrittlich überhaupt das kommunistische System ist (…), ich sah dann einen Trompeter vor der Band stehen, der die Band auch dirigierte und der so ein bisschen vom Äußeren, vom Habitus her an Harry James erinnerte. Und ich fing mich natürlich an zu fragen, wer ist das? Sind das Aufnahmen, die in Russland gemacht worden sind? Russisch konnte ich nicht. Wenn es einen Vorspann gab, woran ich mich jetzt nicht erinnere, so konnte ich ihn doch nicht lesen. Und habe also sehr darüber herumgerätselt, wer das wohl sein könnte (…), ich war wohl der einzige in diesem Gefangenenlager mit einer Durchschnittsbelegung von cirka 2.000 Leuten, der sich überhaupt für diese Musik, für diesen Film interessiert hat.«[39]

Emil Mangelsdorff war bereits als Jugendlicher durch seine Liebe zum Jazz in Opposition zum NS-Regime geraten und der Überwachung und Bedrohung durch die Gestapo ausgesetzt gewesen. Dass er ausgerechnet als sowjetischer Kriegsgefangener den wie er aus Deutschland stammenden Star der sowjetischen Estrada, der kurz darauf selbst zum Häftling im Gulag wurde, auf der Leinwand sah und seine Musik hörte, gehört zu den denkwürdigen Momenten der europäischen Jazzgeschichte.

Tiefer Fall – Ein Jazzmusiker im Gulag

»Was soll's? Ich habe gemacht, was ich immer mache – ich habe dirigiert, Musik komponiert, Arrangements geschrieben.«

So lakonisch antwortete Eddie Rosner in einem Gespräch mit Arnol'd Volyncev, als dieser ihn auf die acht Jahre Gulag-Haft ansprach.[1] Dies entsprach den Konventionen, die die Erfahrungsgeschichte der Opfer stalinistischer Repressionen in der Sowjetunion zu einem Tabu werden ließen. Und vermutlich war auch Rosner selbst daran gelegen, nicht in die Rolle eines leidenden Menschen zu geraten und stattdessen zu demonstrieren, dass er im Gulag ein aktiver und weitgehend selbst bestimmt handelnder Musiker geblieben war.

Das Akronym Gulag (gebildet aus den Anfangsbuchstaben der »Hauptverwaltung für die Lager«) wurde spätestens seit der Veröffentlichung von Aleksandr Solženicyns »Archipel Gulag« Anfang der 1970er Jahre zum Synonym für das stalinistische Repressionssystem und die daraus resultierenden extremen Leiderfahrungen von Millionen Menschen. In der politischen »Tauwetterzeit« wurden diese in der Sowjetunion erstmals öffentlich thematisiert, so in der Erzählung Solženicyns »Ein Tag im Leben des Ivan Denisovič«, die 1962 erschien. Doch blieb dies nur eine kurze Episode, denn bald schon wurde wieder der Mantel des Schweigens über jenes dunkle Kapitel der Sowjetherrschaft gelegt. Erst in der Zeit der »Perestrojka« widmete sich insbesondere die Menschenrechtsorganisation *Memorial* der Aufarbeitung der Leidensgeschichten und der Erinnerung an die Opfer, die nun eine Stimme bekamen.[2] In der Folge bekannten sich auch zahlreiche bekannte Persönlichkeiten aus Kunst, Kultur und Wissenschaft öffentlich zu ihren Gulag-Erfahrungen. Leider erlebte Eddie Rosner dies nicht mehr.

Wenngleich viele Archivdokumente zur Gulag-Geschichte nach wie vor nicht zugänglich sind, so lässt sich dennoch mittlerweile die Grundstruktur des stalinistischen Lagersystems rekonstruieren.[3] Bereits im Zarenreich waren »Katorga« (Zuchthaus und Zwangsarbeit) wie auch die Verbannung nach Sibirien probate Mittel im Strafvollzug. Auch die späteren sowjetischen Führer Lenin und Stalin lebten mehrere Jahre als Verbannte in Sibirien. Schon kurz nach der Machtergreifung der Bolschewiki entstanden neue Zwangsarbeits- und Konzentrationslager, doch erst der 1929 durch den Rat der Volkskommissare gefasste Beschluss »Über die Nutzung der Arbeit von Inhaftierten« führte in der Zeit des Stalinismus zum Ausbau eines weiträumigen Straflagersystems, das 1931 der neu geschaffenen Hauptverwaltung Gulag unterstellt wurde. 1935 betrug die Gesamtzahl der Inhaftierten bereits über eine Million Menschen, die vor allem in großen Transportinfrastrukturprojekten (Kanal-, Straßen- und Eisenbahnstreckenbau) unter zumeist unmenschlichen Arbeitsbedingungen eingesetzt wurden. Der »Große Terror« 1937/38 ließ die Zahl der Häftlinge auf rund zwei Millionen anwachsen. Während des Zweiten Weltkriegs verschlechterten sich die Überlebenschancen im Gulag drastisch, zudem wurden viele Strafgefangene in die Rote Armee eingezogen, so dass sich die Zahl der Häftlinge bis 1944 um die Hälfte reduzierte. Die Verhaftungswellen nach Kriegsende, denen auch Eddie Rosner zum Opfer fiel, führten dann aber dazu, dass im Sommer 1950 wieder rund 2,6 Millionen Menschen in den Arbeitslagern oder -kolonien einsaßen, die umgangssprachlich-euphemistisch als »Zone« (russ. »zona«) bezeichnet wurden, während die Welt jenseits der Lager »Festland« (russ. »materik«) genannt wurde.

Diese Begriffsprägungen verdeutlichen schlaglichtartig, dass die Lagerwelt der »Zone« ihre eigenen Gesetze hatte, die wiederum besondere Überlebensstrategien der Inhaftierten erforderlich machten. Schwerstarbeit, Hunger, miserable Unterbringung und tagtägliche Demütigungen bis hin zu Gewaltexzessen seitens des Lagerpersonals führten zu einer hohen Sterblichkeitsrate im Gulag, insbesondere in den Regionen, wo zudem extreme Klimabedingungen herrschen. Der Region Kolyma in Ostsibirien (in russischer Terminologie »Ferner Osten«), wo auch Eddie Rosner seine Haftzeit verbrachte, setzte der sowjetische Schriftsteller Varlam Šalamov in seinen »Erzählungen aus Kolyma« ein zutiefst beeindruckendes literarisches Denkmal.[4] Šalamov verbrachte insgesamt 18 Jahre seines Lebens in Zwangsarbeitslagern und sibirischer Verbannung. Er liefert in seinen Erzählungen eine Innenansicht dieser menschenfeindlichen Parallelwelt, in der Unzählige physisch oder psychisch zerbrachen. Man geht heute davon aus, dass zwischen 1930 und 1954 insgesamt rund 20 Millionen Männer und Frauen als Häftlinge im Gulag-System leiden mussten.

»Besserung durch Arbeit« lautete die offizielle Devise in den »Besserungsarbeitslagern« (abgekürzt ITL). Der Weißmeer–Ostsee-Kanal, die Eisenbahnstrecke Bajkal–Amursk und zahlreiche Staudämme und Kraftwerke entstanden durch Zwangsarbeit, und auch der Abbau von Bodenschätzen und Holzbeschaffungsarbeiten zählten zu den Tätigkeiten unter Extrembedingungen. Vor diesem Hintergrund muss es beinahe verwundern, dass auch Kulturarbeit als »Umerziehungsmittel« im Gulag eingesetzt werden sollte. Dafür gab es in der Gulag-Verwaltung eigene Abteilungen für »Kulturerziehung«, die Theater- und Musikaufführungen, Bibliotheken und sportliche Aktivitäten überwachten. Wie die

Musikwissenschaftlerin Inna Klause festhält, diente die Kulturtätigkeit der Häftlinge jedoch vornehmlich der Unterhaltung des Lagerpersonals und bot inhaftierten Künstlern wie Laien gleichzeitig die Möglichkeit, für ein paar Stunden aus dem Lageralltag auszubrechen.[5]

Mit der Verhaftung Eddie Rosners in Lemberg am 29. November 1946 war sein Weg durch das Gulag-System bereits vorgezeichnet. Auch seine Frau Ruth wurde nur kurze Zeit später in Lemberg verhaftet und zu fünf Jahren Verbannung unter Polizeiaufsicht verurteilt. Ihre Erfahrungen während der Untersuchungshaft und der Verbannung in der Provinzstadt Kokčetav in Kazachstan und in Karaganda hielt sie in ihren Memoiren fest.[6] Nach der Verhaftung der Eltern kümmerte sich eine Freundin der Familie, Deborah Santatur, um die dreijährige Tochter Erika. Ihr Vater Mark/Mordko Tovbin hatte vor dem Ersten Weltkrieg das erste jüdische Filmstudio in Warschau eröffnet. In von ihm produzierten Stummfilmen spielte Esther Rachel Kaminska mit, seine Tochter Deborah ging gemeinsam mit Ida Kaminska zur Schule.[7] 1916 siedelte die Familie Tovbin nach Odessa über, und Deborah blieb nach dem Tod des Vaters in der Sowjetunion. In Moskau trafen sich Deborah, Ida und Ruth während des Krieges wieder. Nach der Verhaftung Rosners und seiner Frau reiste Deborah sofort nach Lemberg, um sich um Erika zu kümmern. Sie besuchte Ruth anschließend zusammen mit Erika, die in Moskau zur Schule ging, mehrfach an ihrem Verbannungsort.[8]

Anders als seine Frau Ruth hinterließ Eddie Rosner leider keine schriftlichen Erinnerungen an seine Zeit als Gulag-Häftling. Nach der Öffnung der Archive in den 1990er Jahren wurden jedoch einige Dokumente der »Strafsache Eddie Rosner« aus dem Regionalarchiv Kolyma für Journalisten und Historiker zugänglich gemacht. Verhörprotokolle, Petitionen Rosners und Meldungen des Lagerpersonals über sein Verhalten wurden anschließend auszugsweise veröffentlicht.[9] Daraus lässt sich rekonstruieren, dass Eddie Rosner nach seiner Verhaftung zunächst sieben Monate in Moskau in Untersuchungshaft war. Am 7. Juli 1947 wurde er in Abwesenheit von der Sonderkommission beim Ministerium für Staatssicherheit durch eine »Trojka« (außergerichtliches Gremium) wegen Vaterlandsverrat nach § 58 1a zu zehn Jahren Lagerhaft verurteilt. Zynischerweise wurden dabei mildernde Umstände geltend gemacht, andernfalls wäre die Todesstrafe verhängt worden. Im Oktober 1947 traf Rosner dann in einem Lager der Dritten Abteilung in der Region Chabarovsk ein; von Oktober 1949 bis Sommer 1951 oder 1952 war er in einem Lager der Vierten Abteilung in Komsomolsk am Amur, bis er schließlich im Nordöstlichen Lager (»Sevvostlag«) Magadan landete, wo er bis zu seiner Freilassung im Juni 1954 lebte.[10]

Die Dokumente aus Rosners Akte im Regionalarchiv Kolyma werfen einige Schlaglichter auf seine Haftzeit. Wie unzählige andere wurde er zunächst in der Moskauer Lubjanka als Untersuchungshäftling sieben Monate lang quälenden Verhören unterzogen. Dass er dabei einen Sonderstatus innehatte, geht aus der Tatsache hervor, dass es der Staatssicherheitsminister und Chef der KGB-Vorläuferorganisation MGB, Viktor Abakumov (1909–1954), höchstpersönlich war, der ihn von Lemberg nach Moskau holen ließ und auch selbst verhörte.[11] Abakumov, der bereits seit 1932 Mitarbeiter der Staatssicherheit war und 1954 zusammen mit einigen anderen Funktionären des MGB hingerichtet wurde, fand offenbar ein sadistisches Vergnügen daran, prominente Häftlinge zu befragen. So erzählt auch Aleksandr Solženicyn in seinem Roman »Der erste Kreis der Hölle« von politischen Gefangenen, die von Abakumov verhört wurden.

In einem Verhör am 21. Dezember 1946 wurde Rosner gefragt, warum er, statt zu einem Urlaubsaufenthalt nach Sotschi zu fahren, eine illegale Ausreise aus der Sowjetunion über Lemberg geplant habe. Rosners Antwort verdeutlicht, dass die Kommunikation im Staatssicherheitsgefängnis besonderen Regeln folgte, die vonseiten der Häftlinge vor allem auf das blanke Überleben zielten: »Ich habe vor der Sowjetmacht ein sehr schweres Verbrechen begangen, das sich in meiner Absicht ausdrückte, nach Polen zu fliehen. Mit diesem Ziel fuhr ich unter dem Vorwand der Abreise in ein Erholungsheim von Moskau nach Lemberg, und da ich dadurch in eine illegale Lage kam, wartete ich auf den günstigsten Moment zur Umsetzung meiner verräterischen Absichten. Ich leugne nicht meine Schuld, die in der Vorbereitung dieses verräterischen Aktes besteht. Jedoch bitte ich zu berücksichtigen, dass ich zu diesem Verbrechen gedrängt wurde durch Umstände des letzten Monats, denen ich aufgrund meines Kleinmuts nicht Stand halten konnte. (…) Ich bitte mir zu glauben, dass ich kein Feind der Sowjetmacht bin. Im Gegenteil, ich bin der sowjetischen Regierung dankbar, dass sie sich mir gegenüber sehr fürsorglich verhalten hat und mich freundlich in ihrem Land aufnahm, nachdem ich 1939 vor den einmarschierenden Deutschen aus Polen geflohen war. In der Sowjetunion wurden mir ungeheure Entwicklungsmöglichkeiten eingeräumt, die ich in keinem einzigen der von mir besuchten Länder hatte. Und schließlich wurde mir 1943 auch der Titel eines verdienten Künstlers der Belorussischen Sowjetrepublik verliehen.«[12]

Nachdem Rosner anschließend zugibt, dies alles mit »finsterer Undankbarkeit und Verrat« vergolten zu haben, und aufgefordert wird, die Ursachen dafür zu benennen, führt er aus: »Feindliche Ansichten gegenüber der Sowjetunion hatte ich nicht. Tatsächlich habe ich mein ganzes Leben in kapitalistischen Ländern verbracht und nur die letzten sieben Jahre in der Sowjetunion. Daher konnte ich mich in so kurzer Zeit nicht zu einem sowjetischen Menschen im vollen Sinne des

Wortes umerziehen. Jedoch erkläre ich aufrichtig, dass nicht politische, sondern andere Ursachen der Grund für mein Verbrechen waren.«

Gefragt nach den tatsächlichen Hintergründen, nennt Rosner im Folgenden den im August 1946 in der *Izvestija* erschienenen Schmähartikel, den Wunsch seiner Frau, zu ihrer Mutter nach Warschau zu reisen und den eigenen Wunsch, seine 70-jährige Mutter in São Paulo besuchen zu können. Zudem erwähnt er, in der polnischen Botschaft im Moskau ein Gespräch über seiner Ausreise geführt zu haben, das jedoch ergebnislos geblieben war. Daraufhin habe er sich zur illegalen Ausreise mit gefälschten Dokumenten entschlossen.[13]

Die Hoffnung auf Verständnis und Menschlichkeit in der Lubjanka war jedoch vergebens. Auch gibt es Hinweise darauf, dass die Unterschrift Rosners unter ein Protokoll, mit dem er sich selbst des Landesverrats bezichtigte, nur durch Erpressung zustande kam: In einer bereits im Gulag verfassten Petition an Abakumov gibt Rosner an, dass der Untersuchungsrichter im Falle der Unterschriftsverweigerung mit einer höheren Haftstrafe gedroht habe.[14] Grundlage für Rosners Verurteilung zu zehn Jahren im Besserungs- und Arbeitslager wegen Landesverrats war sein Geständnis, dass er im November 1946 beabsichtigt habe, über Polen in die USA ausreisen zu wollen.[15] Vor dem Hintergrund der sowjetisch-amerikanischen Waffenbruderschaft im Zweiten Weltkrieg mutet dies besonders absurd an und zeigt die Willkür und Irrationalität der stalinistischen Denk- und Handlungsmuster.

Als erste Station von Rosners Odyssee durch den Gulag ist ein Lager in der Region Chabarovsk zu nennen, wo er von Oktober 1947 bis September 1949 einsaß. Chabarovsk, am Fluss Amur gelegen, ist bis heute Hauptstützpunkt des Militärdistrikts Ferner Osten; wie das benachbarte Jüdische Autonome Gebiet Birobidžan grenzt es an China. Die Reise von Moskau dorthin dauerte laut Auskunft Rosners drei Monate.[16] Sie verlief vermutlich unter ähnlich bedrückenden Umständen wie in Anne Applebaums Gulag-Buch beschrieben: »Lange Transporte vollzogen sich meist in Etappen. Kamen die Häftlinge aus einem großen Stadtgefängnis, dann bracht man sie in LKWs zum Zug, deren Bauweise bereits davon sprach, wie wichtig dem NKWD Geheimhaltung war. Von außen sahen diese ›schwarzen Raben‹ wie normale Schwerlasttransporter aus. In den dreißiger Jahren trugen sie auf beiden Seiten oft die Aufschrift ›Brot‹. Innen waren sie manchmal nach Aufzeichnungen einer Gefangenen ›unterteilt in winzige, vollkommen dunkle Käfige‹. (…) Es gab im Wesentlichen zwei Arten von Zügen. Da waren zunächst die Stolypinki (Stolypin-Waggons), ironischerweise nach dem reformorientierten Ministerpräsidenten des Zaren Anfang des zwanzigsten Jahrhunderts benannt, der sie eingeführt haben soll. Stolypinki waren normale Güterwaggons, die man für den Transport von Häftlingen etwas hergerichtet hatte. (…) Die Waggons waren total überfüllt, aber sie hatten noch einen weiteren wichtigen Nachteil. Die Wärter konnten die Gefangenen rund um die Uhr im Auge behalten, sehen, was sie aßen, ihre Gespräche mithören und danach entscheiden, wann diese sich zu erleichtern hatten. In nahezu allen Memoiren werden die Schrecken der kleinen und großen Notdurft beschrieben. (…) Aus diesem Grunde zogen es einige Gefangene vor, in Viehwaggons transportiert zu werden. Das waren leere Waggons, nicht unbedingt für den Transport von Menschen eingerichtet, manchmal mit einem kleinen Öfchen in der Mitte, zuweilen auch Schlafkojen.«[17]

In Chaborovsk waren schon in den 1930er Jahren mehrere Lager eingerichtet, in der Zwischenzeit aber auch wieder geschlossen worden. Als Rosner 1947 dorthin kam, gab es nur noch das erst in diesem Jahr gegründete »PrimorLag« (Abkürzung von »Primor'je-Lager« = »Lager im Küstengebiet«), das bis 1953 bestand. Bis zu 1600 Häftlinge wurden dort vor allem in der Goldförderung, beim Bau von Industrieanlagen und in der Holzgewinnung eingesetzt.[18] Bereits hier konnte Rosner, wie seine Tochter Irina erzählt, eine erste kleine Jazzband aus Häftlingen zusammenstellen, die für die Lagerleitung spielen sollte.[19]

Im Herbst 1949 wurde Rosner dann in ein wesentlich größeres Lager in Komsomolsk am Amur versetzt. Im »NižAmurlag« (»Lager am unteren Amur«) befanden sich am 1. Januar 1949 rund 34.000 Gefangene, die Zwangsarbeit im Eisenbahnbau, in der Förderung von Bodenschätzen und beim Bau einer Ölpipeline leisten mussten.[20] Wie unzählige andere Häftlinge versuchte Rosner in dieser Zeit, durch Petitionen und Gnadengesuche eine Verkürzung seiner Haftzeit zu erreichen. Auch waren die Lebensbedingungen in Komsomolsk am Amur so verheerend, dass er um die Verlegung in ein anderes Lager bat, nachdem sein Gesuch um Haftverkürzung abgelehnt worden war. In einer Petition an den Sekretär des Präsidiums des Obersten Sowjet Gorkin schrieb Rosner 1950: »Ihnen schreibt der verhaftete Komponist und ehemalige Verdiente Künstler der Belorussischen Sowjetrepublik Eddie Rosner, der durch seine Dummheit und sein Unwissen zum Verbrecher und nach §58-1A verurteilt wurde. (...) Heute, da die ganze Welt mit der Sowjetunion an der Spitze für den Frieden in der ganzen Welt kämpft, komponierte ich ein großes musikalisches Werk – die Suite ›Für den Frieden in der ganzen Welt‹. Die Lagerverwaltung dankte dafür mit einem Eintrag in meiner Akte. Ich möchte arbeiten, schöpferisch tätig sein, kämpfen und in den Reihen derer sein, die für die wahre Kunst kämpfen. Ich möchte für immer als Bürger des Landes in der Sowjetunion bleiben.«[21]

Doch komponierte Rosner in Komsomolsk am Amur nicht nur staatstragende Werke. Besonders anrührend sind Notenblätter, die Kompositionen für Rosners Frau Ruth und seine Tochter Erika enthalten. 1951 schrieb Rosner den Tango »Rutka« und das Wiegenlied »Erin'ka«, beide für Akkordeon. Die Titel entsprechen den russischen Kosenamen für Ruth und Erika, und das Deckblatt des Wiegenlieds enthielt noch zusätzlich die Widmung »Meiner teuren, geliebten Tochter«.[22] Die Notenblätter weisen Spuren des späteren Zerwürfnisses zwischen Eddie Rosner und seiner Frau auf: Sie mussten von Erika wieder zusammengeklebt werden, nachdem sie von der Mutter zerrissen worden waren.

1950/51 bestand jedoch noch ein Familienzusammenhalt über Gulag- und Verbannungsgrenzen hinweg, und so bat Rosner auch in einer Petition, an den Verbannungsort seiner Frau nach Kasachstan verlegt zu werden. Dem wurde jedoch nicht stattgegeben. Rosner beschränkte sich allerdings nicht nur auf Petitionen in eigener Sache. Sadistische Übergriffe eines leitenden Aufsehers nahm er zum Anlass eines Schreibens an den Lagerleiter. Offenbar wurde statt des Aufsehers ein anderer Häftling beschuldigt, was Rosner nicht hinnehmen wollte. Dass er selbst im Lager eine gewisse Führungsposition einnahm, für die ihn seine frühere Tätigkeit als Orchesterleiter befähigte, geht aus folgendem Auszug aus diesem Schreiben hervor, das gleichzeitig ein Licht auf Rosners Tätigkeiten in Komsomolsk am Amur wirft: »Ich bin Leiter der Kultur- und Erziehungsbrigade und halte es für meine Pflicht, Ihnen folgendes zur Kenntnis zu geben: Ich befinde mich 24 Stunden täglich in der ›Zone‹ in der Gesellschaft der Häftlinge, und besser als ich kennt niemand ihre Stimmung und ihren moralischen Zustand. (…) Die Häftlinge erwarteten Ihre Entscheidung über einen Austausch des leitenden Aufsehers mit Ungeduld, jedoch veranlasste die Lagerleitung keine Untersuchung und erklärte das Verhalten des leitenden Aufsehers für rechtmäßig. (…) Ich würde mich freuen, wenn ich nicht mehr den Nachstellungen des leitenden Aufsehers ausgesetzt wäre.«[23]

Vergeblich bat Rosner noch mehrmals um die Verlegung in ein anderes Lager, wo ihm auch die Arbeitszeit verkürzend auf die Haftzeit angerechnet würde. Bis 1951/52 musste er in Komsomolsk bleiben. Dann wurde er per Schiff nach Magadan verlegt. Die Schiffstransporte der Gulag-Häftlinge verliefen ähnlich menschenunwürdig wie die mit der Eisenbahn. Bei den Schiffen handelte es sich um alte Frachter, die nicht für den Transport von Menschen ausgerichtet waren. Die Häftlinge mussten unter Deck bleiben, Luft, Essen und Wasser waren knapp.[24] Ein sowjetisches Gefangenenlied beschreibt die Schrecken der Überfahrt nach Magadan:

»Der Hafen von Wanino fällt mir ein
Und der Lärm auf dem düsteren Schiff.
Wir gingen über die Gangway
In das kalte dunkle Verließ.

Den Seks wurde vom Schaukeln schlecht.
Rundum nur brüllende See,
Und vor ihnen lag Magadan,
die Hauptstadt der Kolyma.

Kein Schrei, nur klägliches Stöhnen
Ertönte aus jeder Brust.
Sie sagten Ade dem Festland,
Und das Schiff stampfte hinaus …«[25]

Einer dieser »Seks« (»zek«: alltagssprachliches Akronym für die Gulag-Häftlinge, gebildet aus »inhaftierter Kanalarbeitersoldat« in der Zeit des Weißmeerkanalbaus) war Eddie Rosner. Unklar bleibt, ob er 1951 oder 1952 nach Magadan verlegt wurde, wo er dann zum »Leiter des Jazzorchesters der Lagerabteilung N3« aufsteigen konnte. Die Hafenstadt Magadan, die weiter nördlich am Ochotskischen Meer liegt und heute fast 100.000 Einwohner zählt, wurde erst 1929 als Gulag-Stützpunkt gegründet. Zunächst mussten die Häftlinge eine Straße durch das sumpfige Hinterland bauen, die zu den Goldfeldern am Kolyma-Fluss führte. Das »SevVostLag« (»Nordost-Lager«) gehörte zwischen 1934 und 1952 mit bis zu 190.000 Häftlingen zu den größten Gulag-Komplexen. Eddie Rosner wurde jedoch in das »MagLag« verlegt, das im Stadtgebiet lag. Dort hielten sich bis zu 13.700 Gefangene auf.[26]

In Magadan war es den Künstlern unter den Häftlingen möglich, die »Zone« für Auftritte im Stadttheater zu verlassen. Viele vormals bekannte Künstler traten dort vor zivilem Publikum auf, darunter der Regisseur Leonid Varpachovskij, der Pianist und Schüler des berühmten Moskauer Klavierpädagogen Heinrich Neuhaus, der Chanson-Sänger Vadim Kozin, der Konzertmeister des Charbiner Sinfonieorchesters Aleksands Dzygar, die Schauspieler Jurij Rozenstrauch (Pseudonym Kol'cov) und Georgij Žženov, der Cellist Kanan Novogrudskij, Mitglied des Staatlichen Sinfonieorchesters, und der Maler Vasilij Šuchaev.[27] Es kam damit zu der absurd anmutenden Situation, dass man in Magadan Klänge und Texte zu hören bekam, die in anderen Städten der Sowjetunion verpönt waren. Dementsprechend stießen die Häftlingsauftritte im Gorkij-Theater Magadan mitunter auf größeres Interesse als die des zivilen Ensembles. Manchmal traten aber auch Häftlinge gemeinsam mit anderen Künstlern auf. Wie Inna Klause festgestellt hat, durften die Namen der Häftlinge jedoch nicht in den Programmheften abgedruckt werden, wodurch sie als weiterhin Ausgestoßene gekennzeichnet wurden.[28]

Wie einige Gulag-Häftlinge schrieben, gab die künstlerische Arbeit dem Leben wieder einen Sinn und bot – wenn auch nur für begrenzte Zeit – die Möglichkeit, »den entwürdigenden Zustand zu vergessen«[29]. Dies galt gewiss auch

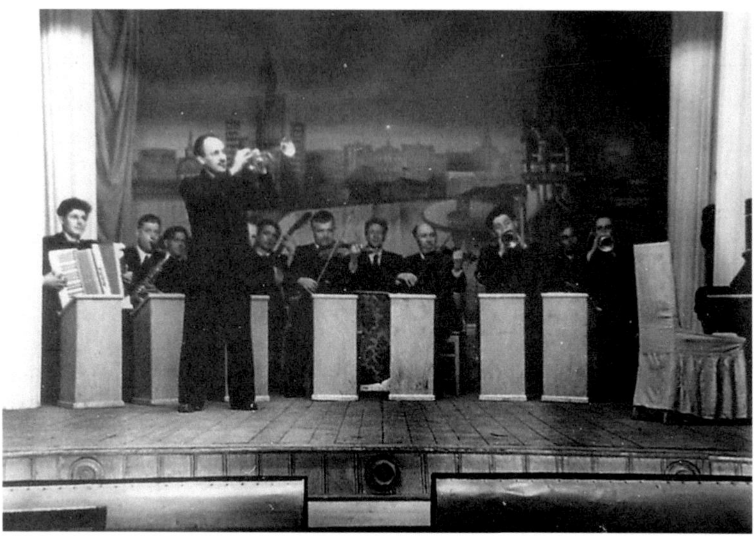

Eddie Rosner und sein Lagerorchester, Magadan 1952

für Eddie Rosner. Als Leiter einer Kulturbrigade waren ihm 15 bis 25 Strafgefangene zugeteilt, zumeist professionelle Künstler. Sie waren von schwerer körperlicher Arbeit befreit und hatten bessere Lebensbedingungen als die Mithäftlinge, was Unterkunft und Verpflegung anbelangte. So verfügte auch Rosner in Magadan über ein eigenes Zimmer.[30] In funktionaler Hinsicht waren der Hauptzweck dieser Kulturbrigaden nicht die Auftritte jenseits der »Zone«, sondern die Unterhaltung des Lagerpersonals. Infolgedessen kam es auch zu »Tourneen« durch den Lagerkomplex. Rosner gelang es dabei offenbar sogar, das führende Lagerpersonal zu begeistern. So heißt es in einer Beurteilung über ihn: »Rosner, Adolf, arbeitet als Leiter des Jazz in der Lagerabteilung Nr. 3. Seinen Verpflichtungen geht er gewissenhaft nach, er hat gute Resonanz auf Seiten der Häftlinge. Sein Verhalten im Alltag und bei der Arbeit ist gut. Verstöße gegen das Reglement gibt es nicht. (…) Im vierten Quartal hat der Häftling

Rosner viel Arbeit in der Vorbereitung eines Neujahrskonzerts investiert, er nahm selbst wie auch mit dem Orchester an 50 Konzertaufführungen teil. Für die umfangreiche Arbeit bei der Vorbereitung der Neujahrskonzerte wird er mit der Anrechnung seiner Arbeitstage für die Monate Oktober und November belohnt.«[31]

In Magadan lernte Rosner auch seine neue Lebensgefährtin Marina Bojko kennen, die als Solistin und Leiterin einer Kulturbrigade arbeitete. Marina Bojko war im Zweiten Weltkrieg als 17-Jährige aus der Ukraine zur Zwangsarbeit nach Deutschland verschleppt worden, wo sie als »Ostarbeiterin« in einem Privathaushalt in Breslau tätig gewesen war. Nach dem Krieg kehrte sie in ihre Heimatstadt Nikolaev am Schwarzen Meer zurück, heiratete einen Offizier des Geheimdienstes und wurde nach nur sechsmonatiger Ehe verhaftet.[32] Sie war bereits in Magadan, als Rosner dort eintraf, und versorgte ihn mit neuer Kleidung und Kostümen für seine Auftritte. Häufig kolportiert wird eine Geschichte, nach der Marina Bojko durch schnelles Eingreifen verhinderte, dass Rosner aufgrund einer Skorbut-Erkrankung sämtliche Zähne verlor – was für einen Trompeter verheerend gewesen wäre. Im tiefsten sibirischen Winter gelang es ihr, sehr viel Knoblauch aufzutreiben, der sich als hilfreich erwies.[33] Kurz nach ihrer Freilassung brachte Marina Bojko in Magadan im August 1953 Rosners zweite Tochter Irina zur Welt. Nach Auskunft Erika Rosner Kovalicks hinterließ der Frauenheld in Sibirien noch ein weiteres Kind, einen Sohn, aus einer Liebesbeziehung zu einem weiblichen Häftling oder einer Bediensteten.[34]

Der russische Journalist Boris Savčenko überliefert in seinem Buch »Götter der vergessenen Estrade« eine Episode aus Rosners Leben in Magadan: »Auf dem Hof des Gastronom Nr. 2 befand sich das Kino ›Bergarbeiter‹. Das war eine gewöhnliche Baracke mit einem winzigen Foyer und einem eben solchen Zuschauersaal. Dort zeigte man Trophäenfilme. Vor dem Beginn der Vorstellung spielte ein kleines Jazzensemble. Von den im Foyer auftretenden Musikern erinnere ich nur noch den berühmten Eddie Rosner. Er trat immer im Frack mit Fliege, Brillantine in den übrig gebliebenen Schläfenhaaren und einem aristokratischen Schnurrbart auf. Einmal sah ich ihn hinter dem Stacheldraht: Er trat aus einer Baracke heraus in einem hell leuchtenden japanischen oder chinesischen Morgenmantel, mit einer Tasse Kaffee, und räkelte sich in der Sonne. Als er einen Blick ins Freie warf, sah er mich, lächelte, ließ dabei seinen Goldzahn blitzen und rief: ›Okay!‹ [russisch: O-kej, GP]. Wie es schien, war sein Leben schön.«[35]

Seine Musik verhalf Eddie Rosner somit auch noch im Gulag zu größeren Überlebenschancen und besseren Lebensbedingungen, als sie die gewöhnlichen Gulag-Häftlinge hatten.

Nach dem Tod Stalins im März 1953 endete ein langjähriger Albtraum für viele Millionen Sowjetbürger. Schon bald kam es zu einer ersten, nach Lavrentij Berija, einem der Helfershelfer Stalins, benannten Amnestie. Auch Rosner machte sich nun große Hoffnungen auf eine rasche Freilassung und schrieb erneut Petitionen an hohe Funktionäre, darunter der neue Kulturminister und alte Gönner Rosners Pantelejmon Ponomarenko. Er musste jedoch noch bis zum Frühjahr 1954 auf die Aufhebung seines Urteils durch ein Militärkollegium des Obersten Gerichts der UdSSR warten. In dem entsprechenden Dokument ist zu lesen: »Wie aus dem Material der Strafakte Rosner A. hervorgeht, trat Rosner 1946 nach einem gescheiterten Versuch, zu einem dauerhaften Verbleib in Polen auszureisen, mit einem polnischen Repräsentanten in Lemberg in Verbindung und versuchte mit dessen Hilfe auf illegalem Wege nach Polen auszureisen. Er wurde jedoch verhaftet. Während seiner Haftzeit gab er in seinen Petitionen zu, seine Ausreise nach Polen nicht völlig legal betrieben zu haben, doch bestreitet er die Absicht, nach Amerika flüchten zu wollen. Das Innenministerium der UdSSR hält in seinem Gutachten fest, dass Rosner in Übereinstimmung mit dem polnisch-sowjetischen Abkommen vom 6. Juni 1945 als ehemaliger polnischer Staatsbürger das Recht auf eine Ausreise nach Polen hatte, diese Möglichkeit jedoch nicht nutzte und versuchte, auf illegalem Wege auszureisen und sich so strafbar machte.«[36]

Im Mai 1954 verfügte das Oberste Militärkollegium der UdSSR die Aufhebung des Urteils nach § 58 1a und die Freilassung Eddie Rosners aus dem Gulag. Seine achtjährige Leidenszeit als »zek« ging damit zu Ende. Aus heutiger Sicht kann kein Zweifel daran bestehen, dass Eddie Rosner wie Millionen andere unschuldig verurteilt worden war. Wie tief jedoch die Denkmuster der Stalinzeit auch noch in späteren Jahren nachwirkten, machen die Überlegungen Jurij Saulskijs deutlich, der als junger Mann 1954 in Rosners neues Orchester in Moskau kam und später selbst einer der bekanntesten sowjetischen Jazzmusiker werden sollte. In einem Gespräch mit Journalisten der Warschauer Zeitschrift *Jazz Forum* beruft sich Saulskij auf Erzählungen von Rosner selbst, nach denen er 1946 legal hätte ausreisen können. Stattdessen habe er aber in Lemberg von einem Schmuggler einen gefälschten polnischen Pass gekauft, der ihm zum Verhängnis wurde. Saulskij erklärt dieses Verhalten mit Rosners ausgeprägtem Drang nach Abenteuern und geht sogar soweit, Rosners Gulag-Haft nicht als Folge der stalinistischen Repressionen, sondern als Ergebnis eines unverzeihlichen Dummejungenstreiches zu werten, wegen dem er acht Jahre seines Lebens verloren habe.[37]

Saulskij gibt damit eine noch strengere Beurteilung als das Oberste Militärkollegium der UdSSR ab, das immerhin konstatiert hatte, dass sich Rosner zunächst um eine legale Ausreise bemüht und erst nach dem Scheitern dieses Versuchs strafbar gemacht habe. Möglicherweise geht Saulskijs Einschätzung aber auch auf die Selbststilisierung Eddie Rosners zurück, der, wie das Zitat zu Beginn dieses Kapitels zeigt, in Hinblick auf seine Gulag-Zeit bemüht war, den Eindruck eines tatenlosen Opfers zu vermeiden. Und in der Tat war es ihm gelungen, im Gulag weiter der großen Leidenschaft seines Lebens, dem Jazz, nachzugehen. Er trug maßgeblich dazu bei, dass Eddie Rosner im Gulag überlebte. Gleichzeitig wurden ihm auch im Gulag Handlungsspielräume als Bandleader eingeräumt, er konnte komponieren und dirigieren. Dass es dennoch ein Leben unter Extrembedingungen war, das besonderen, strengen Regeln unterlag, machen die zitierten Selbstzeugnisse Rosners aus der Gulag-Zeit deutlich. Er verdankte es nicht zuletzt seinem widerstandskräftigen Naturell, seiner Energie und Anpassungsfähigkeit, dass er nicht – wie viele andere – an der Gulag-Erfahrung zerbrach.

Der Entertainer –
Tauwetter auch für Jazzmusiker

Während Eddie Rosner noch bis 1954 im Gulag bleiben musste, kam seine Frau Ruth schon Anfang 1952 nach Moskau zurück, wo ihre Tochter Erika zur Schule ging. In ihren Erinnerungen beschreibt Ruth Kaminska ihren Kampf um eine Aufenthaltsgenehmigung für die sowjetische Hauptstadt.[1] Als Jüdin teilte sie im Januar 1953 die Ängste vieler vor neuen antisemitischen Anfeindungen, die im Zusammenhang mit einer angeblichen »Ärzte-Verschwörung« laut wurden. In einer beispiellosen Hetzkampagne wurden unter anderem einige bekannte Mediziner jüdischer Herkunft beschuldigt, im Auftrag des britischen Geheimdienstes und jüdischer Organisationen in den USA die Ermordung der sowjetischen Führung geplant zu haben. Die Prozessvorbereitungen wurden schließlich durch Stalins Tod am 5. März 1953 abgebrochen, und die neue Staatsführung nahm die falschen Anschuldigungen zurück.

Ruth Kaminska wurde im Sommer 1953 rehabilitiert, musste jedoch nach wie vor auf eine Aufenthaltsgenehmigung für Moskau warten. Um den Vorgang zu beschleunigen, wandte sie sich an den bekannten sowjetischen Schriftsteller Ilja Erenburg, der mit ihrer Familie bekannt war, und suchte ihn zusammen mit ihrer Tochter Erika auf. Rückblickend schildert sie den Schriftsteller als arrogant und wenig mitfühlend; zu einer schriftlichen Fürsprache, die ihr schließlich auch zu der Aufenthaltsgenehmigung verhalf, kam sie nur durch die Hilfe seines Sekretärs.[2]

Eddie Rosner konnte das Straflager erst im Juni 1954 verlassen. Er flog über Irkutsk nach Moskau, zunächst begleitet von seiner »Zweitfamilie«, Marina Bojko und ihrer kleinen Tochter. Allerdings erhielt Marina Bojko wegen ihres sogenannten »Wolfspasses« keine Aufenthaltsgenehmigung und reiste daher mit ihrer Tochter zunächst in ihre Heimatstadt Nikolaev am Schwarzen Meer weiter. Da sie auch dort keine Aufenthaltsgenehmigung bekam, kehrte sie nach Magadan zurück, wo sie am Stadttheater tätig war, während Rosner in Moskau blieb und in der Folgezeit nur noch einen lockeren Kontakt zu seiner Gulag-Gefährtin hatte.[3]

Das Geld für die Flüge Rosners von Magadan nach Moskau hatte Ruth Kaminska bei Freunden zusammengeliehen.[4] Dazu gehörte auch Arkadij Rajkin (1911–1987), der einer der bekanntesten Künstlern der sowjetischen Estrada war. Mit seinen komödiantischen Beiträgen und als Conférencier war Rajkin während des Krieges mehrfach in der Moskauer *Ermitaž* aufgetreten, wo auch Rosner gastiert hatte. Gleichzeitig leitete Rajkin das Leningrader Kleinkunsttheater (*Teatr minatjur*), das jährlich zwei bis drei Monate lang in der *Ermitaž* gastierte und zu den wichtigsten sowjetischen Bühnen der Unterhaltungskultur gehörte. Rajkin, der seinen Kollegen bereits von Leningrad aus unterstützt hatte, als dieser im Gulag gewesen war, half dem mittellosen Rosner mit zwei Anzügen und Geld aus.

Mit seiner Freilassung und Rehabilitierung erhielt Rosner auch den Titel eines »Verdienten Künstlers der Belorussischen Sowjetrepublik« zurück. Was lag näher, als an die alten Erfolge des *Staatlichen Belorussischen Jazzorchesters* anzuknüpfen? Rosner begab sich daher zunächst nach Minsk, wo man ihn jedoch alles andere als freundlich aufnahm. Gegenüber Jurij Cejtlin erwähnte er die Aussage eines Minsker Kulturfunktionärs: »Was – es soll wieder so ein verjudetes (russisch pejorativ: ›židovskij‹) Orchester geben? Und

Sie wollen wieder durch die Union reisen, während wir bitten und flehen werden, dass Sie in unserer Republik auftreten …«[5]

Rosner erkannte schnell, dass er nur in Moskau eine Zukunft haben würde. Und wieder half ein alter Bekannter: Pantelejmon Ponomarenko, der inzwischen zum sowjetischen Kulturminister aufgestiegen war. Jurij Cejtlin berichtet: »Am nächsten Tag war er wieder bei mir und in sehr kämpferischer Stimmung. ›Ich habe ein Gesuch auf einen Empfang im Kulturministerium bei unserem Freund Ponomarenko gestellt!‹ Ponomarenko war tatsächlich in dieser Zeit Kulturminister und empfing Rosner tatsächlich. Ich weiß nicht, wer noch bei der Audienz dabei war. Aber nach ein paar Stunden erfuhren alle interessierten Personen – ich meine die Jazzmusiker – die Antwort Pantelejmon Kondratevičs: ›Wir rehabilitieren die Saxophone, Eddi Ignat'evič!‹ Und er rehabilitierte. Also begannen wir, ein J…, d. h. Estradenorchester aufzubauen. So war das damals!«[6]

Aus der alten Truppe stießen wieder hinzu: Pavel Gofman, Louis Markowitsch, Jurij Cejtlin und der Geiger Valentin Melikjan. Die übrigen Bandmitglieder waren junge, hoch motivierte Musiker, zumeist mit einer klassischen Musikausbildung.

Unter ihnen waren auch einige Kinder von Opfern der stalinistischen Repressionen, wie z. B. Vladimir Terleckij, der nach der Verhaftung seiner Eltern bei den Großeltern aufgewachsen war. Terleckij (1931–1998) war an der Moskauer Gnesin-Musikhochschule als Komponist und Pianist ausgebildet worden und arbeitete von 1955 bis 1964 bei Rosner. In der Sowjetunion gehörte er zu den engagiertesten Musikern, die sich um die Pflege der jüdischen Volksmusiktradition bemühten. Er komponierte zwei »Jüdische Suiten«, die er mit Rosners Orchester und später auch mit einem eigenen Orchester aufführte.[7]

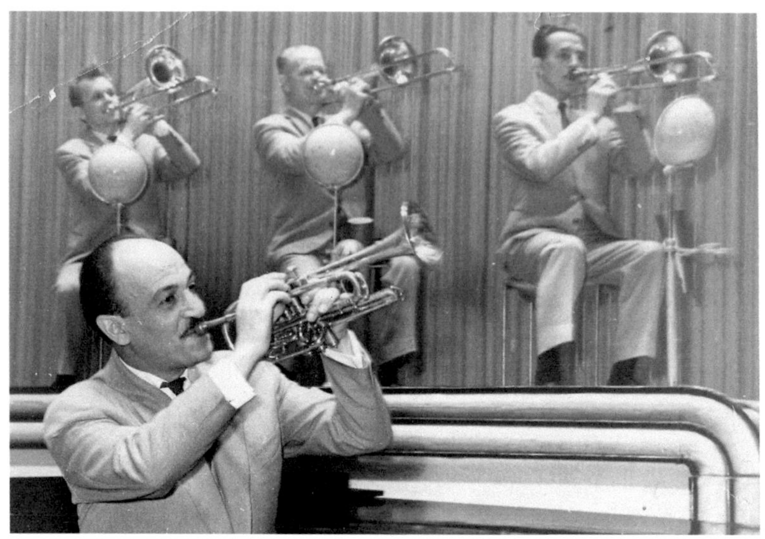

Eddie Rosner und sein Orchester, Moskau um 1954

Jurij Saulskij (1928–2003), der selbst zu einem der bekanntesten Vertreter des »Sovetskij džaz« werden sollte, kam bereits 1954 zu Rosner. Saulskij war Absolvent des Moskauer Konservatoriums, wo er die Waldhorn-Klasse besucht, aber auch Komposition und Dirigieren studiert hatte. Gleichzeitig interessierte er sich für den Jazz, den er durch die Platten seiner Eltern kennengelernt hatte. Wie Saulskij in einem Interview erzählte, das er 1988 in der Redaktion der Warschauer Jazzzeitschrift *Jazz Forum* gab,[8] waren auch die Platten Eddie Rosners darunter gewesen. Saulskij arbeitete von 1954 bis 1957 als Pianist, Dirigent und Arrangeur mit Eddie Rosner zusammen, der für ihn zu »Edik« (russische Koseform) wurde. Das nun nicht mehr Jazz-, sondern Estradenorchester genannte Ensemble, das fortan der staatlichen Konzertagentur *Roskoncert* unterstand, spielte wieder die alten Jazzstandards, für die Saulskij wie z. B. bei Rosners Paradestück »St. Louis Blues« neue Arrangements lieferte. Saulskij komponierte auch mehrere neue Stücke für das Orchester, darunter eine Phantasie über Charlie-Chaplin-Melodien und eine Phantasie über die bekanntesten Schlager Isaak Dunajevskijs, der im Sommer 1955 im Alter von nur 55 Jahren verstarb.

Für seinen ersten Auftritt nach der Entlassung aus dem Gulag probte Rosner im Kulturhaus der Eisenbahnergewerkschaft. Dabei bereitete er auch noch ein weiteres Stück vor, das einmal mehr die politischen Implikationen des Jazz veranschaulicht. Mit einem Potpourri der Lieder, die Paul Robeson bekannt gemacht hatten, präsentierte Rosners Estradenorchester eine »politisch korrekte« Hommage für den amerikanischen Bürgerrechtler und Linksaktivisten.[9] Robeson war durch seine Einspielung von »Ol' Man River« aus dem Musical »Show Boat«, in dessen Verfilmung er 1936 die Hauptrolle gespielt hatte, zum internationalen Star geworden. Bereits 1934 war er ein erstes Mal in die Sowjetunion gereist und interessierte sich seither sehr für Land und Leute, lernte die Sprache und befasste sich intensiv mit russischer Geschichte. Aus sowjetischer Sicht stand Robeson auf der richtigen Seite: 1936 sang er für die Internationalen Brigaden im spanischen Bürgerkrieg, in den USA engagierte er sich in der Gewerkschafts- und Menschenrechtsbewegung.[10] Noch während des Zweiten Weltkriegs glänzte Robeson als Othello in einer Broadway-Inszenierung. In der McCarthy-Ära wurde ihm dann 1950 aufgrund seiner Nähe zum Sozialismus der Pass entzogen, und er erhielt Auftrittsverbot. An den internationalen Solidaritätsbekundungen für Robeson, die insbesondere in Großbritannien ein großes Echo fanden, beteiligten sich auch die Länder, die nun hinter einem »Eisernen Vorhang«[11] lagen. Die Sowjetunion verlieh ihm den Internationalen Lenin-Friedenspreis, und die Akademie der Künste Berlin (Ost) machte ihn zum Korrespondierenden Mitglied. Die Berliner Humboldt-Universität verlieh ihm 1960 die Ehrendoktorwürde. Die Verbindung mit der Stadt,

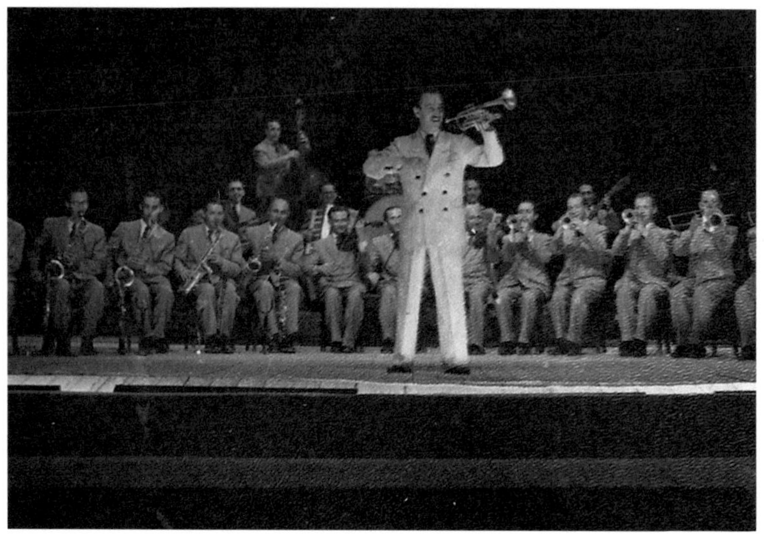

Eddie Rosner und sein Orchester, 1950er Jahre

in der Eddie Rosner geboren und aufgewachsen war, intensivierte sich noch durch einen längeren Aufenthalt Robesons im Klinikum Buch, wo er nach einem physischen und psychischen Zusammenbruch in Moskau in Behandlung war.[12]

Auch Rosner war trotz seiner ungewöhnlich großen Widerstandskraft im Vorfeld des ersten Auftritts nach der Gulag-Haft sehr nervös und sagte Jurij Ceitlin unmittelbar vor dem Beginn: »Ich kann nicht spielen!«[13] Als jedoch nach einigen Takten, die das Orchester noch hinter dem Vorhang spielte, Rosner wie früher den Befehl »Auf!« (= Vorhang hoch) in deutscher Sprache gab und wie zuvor in einem weißen Anzug mit seiner Trompete auf die Bühne trat, wurde er mit donnerndem Applaus begrüßt. »Eddie stand da, machte eine leichte Verbeugung und wartete mit seinem berühmten Lächeln.«[14]

Dass es bei der Robeson-Hommage vor allem um eine Geste im Sinne der offiziellen Kulturpolitik ging, aus der

Rosner allerdings bei seinem Auftritt große Kunst machte, bestätigt auch Jurij Cejtlin: »Und noch eine List: das Potpourri aus den Liedern Paul Robesons. Komponiert hatte es Vadim Ljudvikovskij. Und auch das war Jazz reinsten Wassers! Die Lieder Paul Robesons! Des ersten Freunds der Sowjetunion! Wer hätte es verbieten können? Eines der Lieder dieses Potpourris war das Wiegenlied aus dem amerikanischen Film ›Sonny Boy‹. Der Held dieses Films, ein Clown, singt dieses Lied für seinen sterbenden Sohn. Eine sehr ergreifende, traurige Melodie. Der Clown muss gleich in die Manege gehen, um das Publikum zu unterhalten, das sich für seine Tragödie nicht interessiert. Rosner spielte dieses Solo auf abgedunkelter Bühne. Die Scheinwerfer beleuchteten seine angespannte Figur. Sie beleuchteten den Stoff seines Anzugs und ließen ihn strahlen. Wir befanden uns hinten und sahen die Silhouette seiner zitternden Beine – wie aufgeregt er war! Es war unheimlich und sehr bewegend.«[15]

Vadim Ljudvikovskij (1925–1995), der hier als Komponist genannt wird, gehörte wie Jurij Saulskij zu der jungen Generation sowjetischer Jazz-Enthusiasten. Wie schon sein Vater hatte er zunächst in einem Militärorchester gespielt und anschließend von 1949 bis 1953 die Kompositionsklasse des Leningrader Konservatoriums besucht. Ljudvikovskij, der Rosner – wie sich Jurij Saulskij erinnert – sehr nahe stand, arbeitete nicht nur für ihn, sondern auch für die unbestrittene Nr. 1 der sowjetischen Estrada Leonid Utesov.[16]

Utesov war in einer jüdischen Familie im multikulturellen Odessa aufgewachsen. In Leningrad machte er schon 1929 Furore mit einem »Tea-Jazz«-Programm, und durch die Hauptrolle im Musikfilm »Fröhliche Jungs« wurde er 1934 zum Superstar. Den »Marsch der fröhlichen Jungs« und den Schlager »Herz, Du willst keine Ruhe« sangen das ganze Land. Dank seiner großen Popularität war er kaum Repressionen ausgesetzt; als Leiter des *Estradenorchesters der RSFSR* hatte er in der Nachkriegs-Estrada seit 1948 eine Schlüsselstellung inne.[17]

Während Utesov seinen Ruhm vor allem dem Unterhaltungscharakter seiner Auftritte verdankte, erwuchs Rosner mit Oleg Lundstrem in der Zeit des Tauwetters ein ernst zu nehmender Konkurrent im Bereich des sowjetischen Jazz. Lundstrem (1916–2005) war ein ähnlicher Wanderer zwischen den Welten wie Rosner. Er war in Harbin in der Mandschurei in einer Familie aufgewachsen, deren schwedische Vorfahren in den Dienst der russischen Zaren getreten waren. Harbin war seit dem Bau der Transmandschurischen Eisenbahn Ende des 19. Jahrhunderts von Russen, Juden, Japanern und Chinesen bewohnt. Hier hörte Lundstrem 1933 zum ersten Mal eine Platte von Duke Ellington, »Dear Old Southland«, und gründete alsbald zusammen mit seinem Bruder Igor eine eigene Jazzband, mit der er 1936 nach Shanghai ging, wo er unter anderem im legendären *Paramount Ballroom* auftrat.[18]

Wie viele andere russische »Šangchaicy« (russische Migranten aus Shanghai) kam Lundstrem mit seinem Orchester 1947 in die Sowjetunion. Da sie sich aufgrund der restriktiven Siedlungspolitik nicht in Moskau oder Leningrad niederlassen durften, gingen die Musiker nach Kazan, da dort eine angesehene Universität und ein Konservatorium waren. Die Bandmitglieder übten nun andere Berufe aus oder studierten wie Lundstrem auf dem Kazaner Konservatorium, bis sie schließlich 1955 für das Tatarische Radio eine Jazzversion tatarischer Folklore einspielen durften und damit landesweit bekannt wurden. Ab 1956 hatte Lundstrem dann in Moskau sein eigenes, nunmehr staatliches *Russisches Kammerorchester für Jazzmusik*, das er bis zu seinem Tode 2005 leitete. Für die amerikanische Publizistin und Pulitzerpreisträgerin Kim Murphy war Lundstrem »Russlands Antwort auf Count Basie«[19].

Wie Jurij Cejtlin zu Recht vermerkt, wurde es nun also für Eddie Rosner »eng auf der Estrada«[20]. Die Konkurrenz wuchs, und zudem haftete ihm trotz Rehabilitierung das Stigma eines ehemaligen Gulag-Häftlings an. Niemand sprach offen über dieses düstere erfahrungsgeschichtliche Kapitel. Es blieb jedoch als das »Ungesagte« präsent und trübte den Genuss reiner Unterhaltung. Vermutlich war dies auch die Ursache dafür, dass Rosners neues Orchester 1956 zwar die Musik zum ersten »Tauwetterfilm« »Karnaval'naja Noč« (»Karnevalnacht«, in der synchronisierten DDR-Fassung »Nun schlägt's 13«) einspielen konnte, Rosner jedoch in diesem Film anders als die Orchestermitglieder nicht zu sehen war. Der Film, »der in der nachstalinistischen Tauwetter-Periode mit Partei, Bürokratie und Banausentum abrechnete und seinerzeit über 60 Millionen Zuschauer fand«[21], erzählt die Geschichte einer Gruppe junger Leute, die in einem Kulturhaus gegen den Widerstand eines humorlosen Direktors und Vertreters der alten Nomenklatura einen ausgelassenen Silvesterball organisieren wollen. Mit viel List und Tücke gelingt dies schließlich, und beim Happy End findet auch das Liebespaar des Films nach einigen Verwicklungen zueinander. In einer Schlüsselszene tritt Rosners Orchester auf, zunächst verkleidet als alte Männer mit Bärten und grauen Haaren und langweilige Musik spielend, die sich aber allmählich zu mitreißendem Swing – begleitet von allerlei Schabernack – entwickelt.

Der Regisseur des Films, Eldar Rjazanov, und seine junge Hauptdarstellerin Ljudmilla Gurčenko wurden über Nacht zu neuen Stars der Sowjetunion. Gurčenko singt in »Karnevalnacht« zwei Lieder (»Ohne Zweifel« und »Ein verliebter Junge«), die sie mit Rosners Orchester auch als Platte einspielte. Sie gehörten zu den bekanntesten Schlagern jener Zeit und machten Gurčenko zum Vorbild für junge sowjetische Frauen. Ihre Kleidung mit schlanker Taille und weiten Röcken entsprach dem westlichen »New Look«, und ihr ebenso zupackender wie kapriziöser Stil schuf ein weibliches »role model« für eine neue Zeit, die im Film symbolisiert durch die Zeiger einer großen Uhr in der Silvesternacht beginnt. Jugendlichkeit, Ausgelassenheit und Respektlosigkeit gegenüber den alten Autoritäten stehen in diesem Film für Aufbruch und die Hoffnung auf bessere Zeiten. Als mittlerweile 46-Jähriger entsprach Rosner diesem Image nicht mehr so ganz – anders als z. B. der junge Schlagzeuger des Orchesters Boris Matveev, dessen großes Solo im Film in der Sowjetunion der 1950er Jahre eine spektakuläre Wirkung erzeugte.

Rosner wollte nun auch wieder in der Moskauer *Ermitaž* auftreten, was ihm jedoch zunächst verwehrt wurde. Als er daraufhin drohte, nach Polen zurückzukehren, antwortete ihm der Direktor der mächtigen *Mosestrada* (Abkürzung von Moskauer Estrada, staatliche Unterhaltungskunst-Verwaltung): »Dann gehen Sie doch!«[22] Offenbar spielte Rosner daraufhin tatsächlich mit dem Gedanken, die Sowjetunion zu verlassen. Allerdings erzählte er Jurij Cejtlin, dass man ihm in der polnischen Botschaft in Moskau ein Gehalt anbot, das weit unter seinem neuen sowjetischen lag.[23] Rosner blieb und erhielt schließlich auch die Erlaubnis, wieder in der *Ermitaž* zu spielen.

Vorgesehen war für 1957 auch ein Auftritt beim VI. Weltjugendfestival in Moskau (offizielle Bezeichnung: Weltfestspiele für Jugend und Studenten, seit 1947 vom Weltbund der demokratischen Jugend in verschiedenen Hauptstädten der Welt abgehalten). Im Sommer 1957 versammelten sich in Moskau rund 34.000 junge Menschen aus 131 Ländern. Im Festivalprogramm spielte der Jazz als Sound der neuen Zeit eine prominente Rolle, und auch die sowjetische Zeitschrift *Die Jugend der Welt* widmete dem Jazz anlässlich der Weltfestspiele einen ausführlichen Artikel unter der Überschrift: «Die amerikanischen Neger gaben uns den Jazz!«[24] Und wieder war zwar Rosners Orchester, nicht aber er selbst dabei. Doch diesmal hatte er es selbst zu verantworten. Schon während des Krieges war Rosner dank des geschenkten Wagens von Ponomarenko zum »Autonarr« geworden. Dies wurde ihm 1957 zum Verhängnis, als er auf der Rückfahrt nach einem Konzert in Odessa bei einem Überholmanöver einen Unfall verursachte. Einer seiner Mitfahrer, der junge Miša Santatur, kam dabei ums Leben, Rosner und ein anderer Mitfahrer wurden schwer verletzt. Eine zusätzliche tragische Dimension erhält der Tod des jungen Mannes, der erst kurze Zeit als Geschäftsführer von Rosners Orchester gearbeitet hatte, dadurch, dass er der Sohn von Debora Santatur war, die Rosners Tochter Erika nach der Verhaftung der Eltern 1946 bei sich aufgenommen und betreut hatte. Rosner drohten nach diesem Autounfall erneut ein Strafprozess und mehrere Jahre Haft. Aus Anlass der Weltjugendfestspiele wurde jedoch eine Amnestie für alle Strafsachen unter drei Jahren Haft verkündet, so dass Rosner straffrei ausging.[25]

Jurij Saulskij war von 1954 bis 1957 Rosners Wegbegleiter. In dem Interview, das Saulskij 1988 dem *Jazz Forum* gab, erinnert er sich, voller Anerkennung für Rosner, wenn auch nicht völlig unkritisch, an diese Zeit: »In jener Zeit spielten viele Musiker ihre Soli nach Noten – sie schauten in die Noten und taten so, als ob sie improvisierten. Rosner aber war ein authentischer Improvisator. Gottseidank bin ich selber Jazzmusiker und kann es unterscheiden. Ich habe es jeden Abend gehört. Natürlich hatte er ein paar vorbereitete Sequenzen und Ideen oder Griffe – schließlich haben viele großartige Musiker ihre Lieblingseinsätze. Er war ein wirklicher Jazzman. Jedes Mal spielte er etwas von sich. Außerdem hatte er so etwas wie eine authentische Jazz-Basis, Geschmack. (…) Manchmal machten wir es so: er beendete den ersten Teil des ›St. Louis Blues‹ und spielte immer eine Kadenz, und ich spielte ihm Akkorde, die ihn etwas aus der

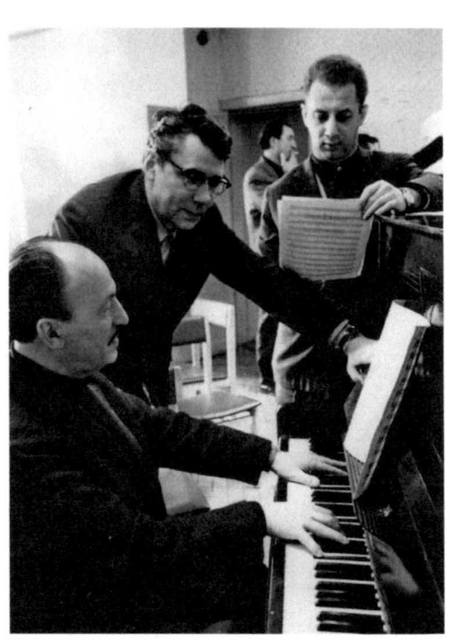

Eddie Rosner und Jurij Saulskij am Klavier, Moskau um 1961

Spur brachten. Er wandte sich zu mir, warf mir sein ›choliera jasna!‹ [polnisches Schimpfwort, GP] zu und begann mir Schritt für Schritt zu folgen, indem er zu diesen Akkorden spielte. Ich [spielte] dann für ihn noch etwas anderes, und er weiter. Und das alles auf der Bühne. So ein improvisiertes, ungeplantes Gespräch. Was war das für ein Kopf und Jazzgefühl! Obwohl er kein moderner Musiker war, schaffte er es dennoch irgendwie, in einem großartigen Stil da heraus zu kommen. Und weil das alles spontan war, machte es einen großen Eindruck auf das Publikum. Die Leute wussten, dass da etwas passierte, und waren begeistert.«[26]

Saulskij erlebte auch die amourösen Verwicklungen in Rosners Leben nach seiner Freilassung aus dem Gulag mit. Er erwähnt, dass Rosner in der Gulag-Zeit zwei Familien hatte (Ruth Kaminska und Tochter Erika, Marina Bojko und Tochter Irina), und hält fest: »Alles war sehr schwierig und verworren.«[27] Saulskij beschreibt Rosner als sehr gut aussehenden, eleganten und charmanten Mann mit gleichmäßigen

Gesichtszügen, der ihn an den Boxer im Film »All That Jazz« erinnert.[28]

Rosners Schwiegermutter Ida Kaminska, die im Sommer 1955 zusammen mit Mann und Sohn nach Moskau kam, um Ruth zu besuchen, erfuhr erst hier von der Trennung ihrer Tochter von Rosner. Sie erinnert sich, dass Ruth schon während des Krieges über seine Affären geklagt hatte, und kommentiert dies damit, dass er »erfolgreich, vielleicht zu erfolgreich, insbesondere bei Frauen«[29] war. Ruth Kaminska entschloss sich, nach Polen zurückzukehren und stellte ihre Tochter vor die Wahl, ob sie mit ihr nach Warschau übersiedeln oder in Moskau bleiben wolle. Erika entschied sich für ihre Mutter und Warschau. Wie sie sich vier Jahrzehnte später bei einem Gespräch in Warschau erinnert, kam es bei ihrer Abreise zu einer bewegenden Szene auf dem Moskauer Bahnhof: »And we came here and my mother left my father in Russia, (…) we came by train, and we were all night in the train, and my mother was crying and crying and crying. And when we were leaving I will never forget it how my father was running, running after that train. And falling and getting up, it was really like a movie.«[30]

Nach der Trennung von Ruth wandte sich Rosner dann der Tänzerin Galina Chodes (1922–1992) zu, die – als klassische Ballerina ausgebildet – in der Sommerpause bei Rosner auftrat. Sie war bereits Witwe und hatte eine Tochter aus erster Ehe, Valentina. Die beiden bildeten nach der Hochzeit 1956 seine neue Familie, und Galina Chodes blieb fortan an Rosners Seite. Sie sollte ihn schließlich auch bei seiner Ausreise nach Deutschland begleiten, wo sie bis zu seinem Tod in Berlin zusammen lebten. Im Moskauer Orchester hatte sie eine sehr wichtige Funktion: Oft musste sie mit ihrer angenehm-freundlichen Art als guter Geist vermitteln, wenn der jähzornige Eddie Rosner einen seinen häufigen Wutanfälle bekam.[31]

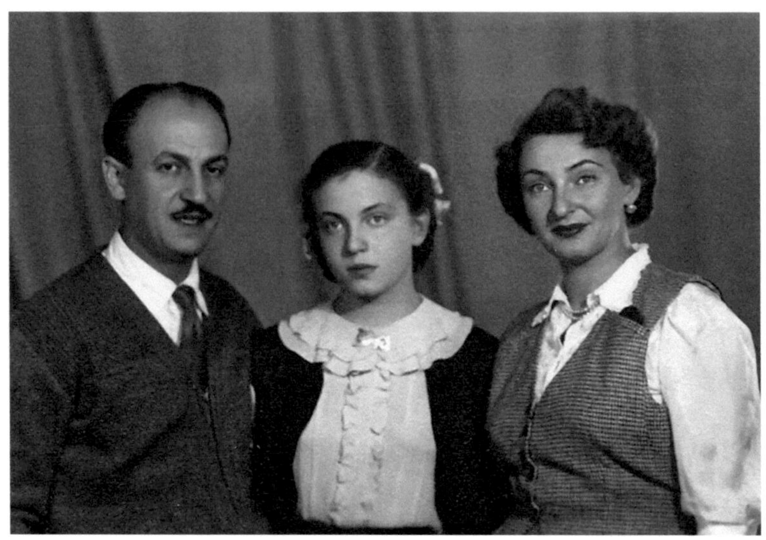

Eddie Rosner, Erika Rosner und Ruth Kaminska, Moskau 1956

Doch Rosner blieb auch mit seinen beiden Töchtern Erika und Irina in Verbindung. Erika, die nach der Übersiedlung nach Warschau dank der Vermittlung von Pantelejmon Ponomarenko, nunmehr sowjetischer Botschafter in Polen, zunächst auf die russische Schule für die Kinder sowjetischer Diplomaten in der polnischen Hauptstadt gehen konnte, besuchte ihren Vater regelmäßig in den Sommerferien, und Irina, die zeitweise bei ihren Großeltern in Nikolaev lebte, wurde von Rosner häufig in seine Konzerte mitgenommen.[32] Auch sie kam nach Eddie Rosners Ausreise aus der Sowjetunion auf seine Einladung hin nach Deutschland. Ihre Mutter Marina Bojko hielt ebenfalls weiter Kontakt zu Rosner und reiste später wie ihre Tochter nach Deutschland aus.[33]

1959 hatte Rosner sich wieder so weit etabliert, dass er ganz in der Nähe des Theaters *Ermitaž* in der Moskauer Karetnyj-Rjad-Straße eine Drei-Zimmer-Wohnung kaufen konnte. Dazu gab er 1975 im Bezirksamt Berlin Kreuzberg zu Protokoll: »Ich bin für das [Wohn-]Projekt vorgeschlagen worden aufgrund meiner beruflichen Tätigkeit und meines Engagements. Das Projekt, welches zunächst mit staatlichen Mitteln über eine Baugesellschaft finanziert worden ist und später vom Kollektiv verwaltet wurde, ist unter einer bestimmten Maßgabe des qm-Preises, auch in der Größenordnung ausgerichtet nach Funktion und Familienstand, verteilt worden.

Der qm-Preis, der zu entrichten war, betrug ungefähr 2.218 alte Rubel = 221,08 Rubel, so dass der Gesamtkaufpreis nach Auf- und Zurechnungen schließlich rund 11.600,– Rubel betrug. Hierbei musste ich, um in das Kollektiv einzutreten, den Preis entrichten, der jedoch unter der Berücksichtigung der wirtschaftlichen Verhältnisse, auch der Mitglieder des Kollektivs, teilweise durch An- und Abzahlung zu begleichen war. Jedoch war es den Mitgliedern möglich, die gesamte Summe zu übergeben, was recht gern, auch von der Verwaltung, wahrgenommen wurde. Ich habe deshalb den Gesamtbetrag sofort entrichtet.«[34]

Kamilla Kudrjavceva, die seit 1962 bei Rosner als Sängerin engagiert war, liefert in ihren Erinnerungen eine Beschreibung der Wohnung: ein langer Korridor, im Schlafzimmer ein großes Bett und ein Schminktisch mit Spiegel und vielen Kosmetiktiegeln, ein langer Wandschrank mit Schiebetüren, voll mit Kleidung: »Damals waren solche Schränke eine Neuheit.«[35]

Nicht nur die Wohnung mit einem für sowjetische Verhältnisse ungewöhnlichen Komfort, sondern auch acht Sparbücher, die Eddie Rosner aus einem Safe im Arbeitszimmer holte und ihr zeigte, beeindruckten die junge Sängerin zutiefst.

Dies entspracht nicht dem Habitus eines Sowjetmenschen, und auch Jurij Saulskij erinnert sich: »Wir sagten: Ein Produkt des Kapitalismus!«[36], was sich jedoch weniger auf finan-

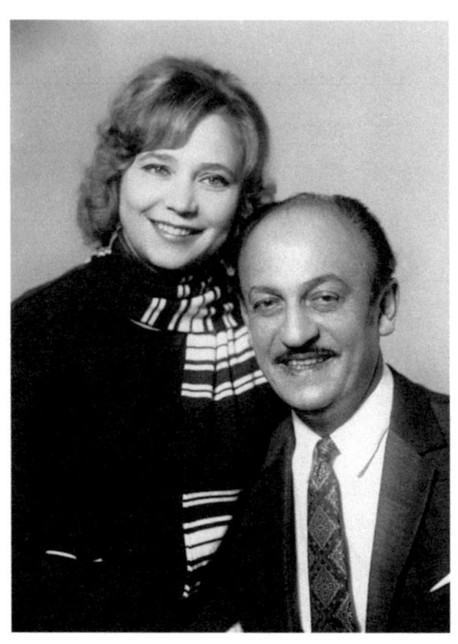

Eddie Rosner mit seiner Frau, Galina Chodes, vermutlich vor der Ausreise aus Moskau

zielle Belange bezog als vielmehr auf Rosners fordernden, mitunter tyrannischen Umgang mit seinen Musikern.

Eddie Rosner gehörte nun wieder zu den privilegierten Künstlern des Arbeiter- und Bauernstaats, wenngleich ihm im Gegensatz zu seinen jüngeren Kollegen Ljudvikovskij, Terleckij und Saulskij die Aufnahme in den prestigereichen Komponistenverband verwehrt blieb. Jedoch konnte er 1962 in seiner Wohnung einen berühmten Gast empfangen: Benny Goodman, den Rosner nach eigener Auskunft bereits 1931 in den USA kennengelernt hatte,[37] kam nach Moskau und stattete ihm einen Privatbesuch ab. Goodmans Tournee durch die Sowjetunion gingen langwierige kulturpolitische Verhandlungen voraus. Schließlich reiste er als offizieller Kulturpolitiker im Auftrag des *State Department*. »Getting the Soviets to Swing« – so lautet ein Kapitel in Penny M. von Eschens Studie über den Jazz als Waffe im Kalten Krieg, in dem Goodmans Gastspiele in der Sowjetunion 1962 beschrieben werden.[38]

Dass die sowjetischen Zuhörer entgegen der Erwartung der amerikanischen Gäste mit deren Musik bestens vertraut waren, macht der erstaunte Ausruf eines der Jazzmusiker deutlich: »These cats know more about us than we do!«[39] Während seiner Tournee durch die Sowjetunion gab Goodman mit seinem Orchester 30 Konzerte vor insgesamt 178.000 Menschen; in Moskau war der Generalsekretär der KPdSU Nikita Chruščev einer seiner Zuhörer. Der amerikanische Präsident John F. Kennedy bedankte sich ausdrücklich dafür und sah in freudiger Erwartung einem Gastspiel des *Bolschoi Balletts* in Washington entgegen.[40]

Die hohe Politik hinderte Goodman, der Kind russisch-jüdischer Immigranten war, freilich nicht daran, seinem Moskauer Kollegen Eddie Rosner einen Privatbesuch abzustatten. Wie sich Rosners Stieftochter Valentina Vladimirskaja-Rosner erinnert, gab es zum Abendbrot echt russische Küche: Salate, Borschtsch, Gebratenes und Nachtisch, und es scheint Goodman geschmeckt zu haben. Anschließend »jammten« die beiden Musiker noch ein bisschen in Rosners Wohnung.[41]

Der Mainstream-Jazz war nun in der Mitte der sowjetischen Gesellschaft angekommen und fand auch die Unterstützung einiger Vertreter der offiziellen Kulturpolitik. Dies hatte freilich nicht nur mit der politischen Großwetterlage nach Stalins Tod zu tun, sondern auch damit, dass sich mittlerweile der Rock als neue Ausdrucksform rebellischer Jugendlichkeit etabliert und den Jazz gleichsam abgelöst hatte. Und auch in der »leichten Muse« entwickelten sich neue Stilrichtungen, die sich immer mehr von Bigband Sound und Swing entfernten. Rosner selbst spürte im Verlauf der 1960er Jahre, dass er allmählich den Anschluss an neuere und neueste Musikentwicklungen verlor. Dass ihm seine Frau das grau werdende Haar mit Wimperntusche schwärzte, half da nur wenig.[42] Zwar beschäftigte er sich mit den neuesten Trends

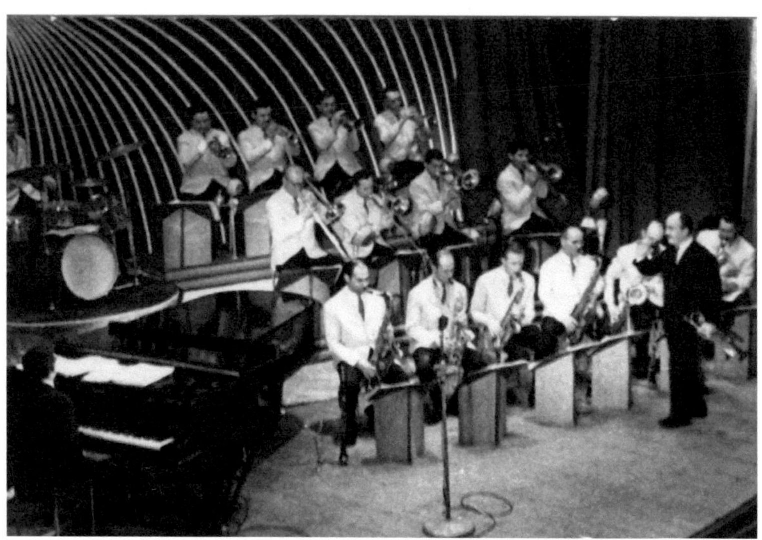

Eddie Rosner vor seinem Orchester

im Jazz und schrieb die Noten der Soli von Dizzy Gillespie, Maynard Ferguson, Eddie Calvert und Cat Anderson auf. Insbesondere schätzte er Stan Kenton und fragte sich mitunter, ob er bereits »altmodisch« geworden sei.[43] Jurij Saulskij, inzwischen Leiter eines eigenen Jazzorchesters *VIO-66*, beobachtete, wie Eddie Rosner immer jüngere Musiker ins Orchester holte und Verschiedenes ausprobierte.[44] Wie schon zuvor traten gleichzeitig einige der bekanntesten Sängerinnen der Sowjetunion wie Kapitolina Lazarenko, Nina Dorda, Maja Kristalinskaja und Larisa Mondrus mit Rosner auf. Das schon 1957 aufgenommene beschwingte Liedchen »Možet byt'« (»Vielleicht«), gesungen von Kapitolina Lazerenko (Text: Jurij Cejtlin), wurde zu einem »Exportschlager« in den staatssozialistischen Ländern, und in Polen wurde sogar ein Parfüm danach benannt.

Ein Schlaglicht auf den Alltag Eddie Rosners, der trotz seiner anhaltenden Popularität nicht davor gefeit war, von Zeit zu Zeit auch durch die Provinz zu tingeln, wirft die Erinnerung Kamilla Kudrjavzevas an einen Auftritt in Jaroslavl: »Es geschah in Jaroslavl im Arbeiterklub des örtlichen Reifenbetriebes. Dieser Klub erinnerte eher an eine ›rote Ecke‹ [wo in einem russischen Haus die Ikonen hingen, GP]: ein großer Raum mit niedriger Decke und einer kleinen Bühne. Das Orchester hatte dort nicht genug Platz, musste regelrecht zusammengepfercht werden, nachdem man die ersten Zuschauerreihen nach hinten verschoben hatte, um Platz für die Aufführung zu schaffen. Als wir dort ankamen, saßen im Raum bereits finster dreinschauende Zuschauer. Ich habe mich gewundert, dass in den ersten fünf bis zehn Reihen nur Männer saßen. Sie saßen angespannt und wie versteinert da, sprachen nicht miteinander und blickten unfreundlich drein. Eddi Ignat'evič verstand sofort, dass das Publikum ›schwierig‹ sein würde und verkündete: ›Wir spielen am Stück, ohne Pause und mit Tempo‹. Die ersten Stücke wurden vom Publikum durch ungastliches Schweigen quittiert. Es war spürbar, dass die Zuschauer unzufrieden waren, als ob sie eine andere Truppe erwartet hätten. Nach und nach, dank den witzigen Monologen des umwerfenden Garik [Garik Grinevič, Conferencier der Truppe, GP], gelang es den Saal in Bewegung zu bringen: aus den hinteren Reihen kam Applaus und weibliche Stimmen riefen ›Zugabe!‹, ›Bravo!‹. Durch Zischen wurden sie aber sofort zum Schweigen gebracht und irgendein Mann regte sich laut auf: ›Wozu bin ich hierher gekommen! Anstatt der Eintrittskarte für euer Konzert hätte ich mir für diese drei Rubel sechzig ein Kilo Butter kaufen können!‹. Eddi Ignat'evič wandte sich verärgert an den örtlichen Veranstalter: ›Bitte geben Sie allen Unzufriedenen umgehend das Geld zurück!‹. Er war sehr aufgeregt. (…) Als Rosner noch mit dem Veranstalter diskutierte, saßen wir schon im Bus, schweigend und in schlechter Stimmung. Ein Pkw fuhr an, Eddi Ignat'evič stieg zusammen mit dem Direktor ein und wir fuhren ins Hotel, mit dem Vorsatz, hier nie wieder ein Konzert zu geben.«[45]

Eine andere Tourneestation dürfte bei Eddie Rosner höchst ungute Erinnerungen geweckt haben: 1962 gastierte er vom 30. Januar bis 7. Februar in Magadan. Als »Verdienter Künstler der Belorussischen Sowjetrepublik« trat er mit seinem Estradenorchester im Magadaner *Musikalisch-dramatischen Gorkij-Theater* auf und wurde begeistert gefeiert.[46] Welche Gefühle Rosner bei der Rückkehr an den Ort seiner Gulag-Haft hatte, ist nicht überliefert. Jedoch erinnert sich ein Zeuge an folgende Anekdote: Als der Conférencier bei einer der Vorstellungen Rosner während seiner Zwischentexte einen Stuhl anbot, antwortete dieser: »Nein, danke für den Vorschlag, aber wissen Sie, ich habe hier lange genug gesessen!«[47]

Sein Humor half Rosner offenbar zunächst ebenso darüber hinweg, dass er als deutsch-jüdischer Flüchtling und ehemaliger Strafgefangener immer noch unter dem Verdikt der Unzuverlässigkeit stand. Dies ist aus der Tatsache zu schließen, dass ihm Gastspiele im (sozialistischen) Ausland bis auf eine Reise nach Prag verwehrt blieben. Aus privaten Gründen – die Hochzeit seiner Tochter Erika – reiste Rosner im April 1966 nach Warschau, wo er der Zeitschrift *Jazz* ein Interview gab. Als er nach seiner Einschätzung der Jazzentwicklung in der Sowjetunion gefragt wurde, sagte er: »Die Popularität des Jazz ist riesig, es werden immer öfter Festivals organisiert, und wir hörten z.B. auf dem Moskauer Jazzfestival im vergangenen Jahr etliche interessante Interpreten und Bands, immer interessantere Kompositionen und Arrangements. Ich halte den Jazz für die progressivste Musikform, und die Tatsache, dass die sowjetische Jugend ihn so sehr schätzt, ist viel versprechend.«[48]

In der Redaktion der Warschauer Jazz-Zeitschrift hinterließ er eine Autogrammkarte mit der polnischen Aufschrift: »Den lieben Lesern des ›Jazz‹ schickt Eddie Rosner Grüße!«

Er war zu diesem Zeitpunkt sprachlich bereits so sehr »russifiziert«, dass er in der handschriftlichen Widmung den lateinischen Buchstaben d mit seinem kyrillischen Äquivalent g verwechselte.

Zu dieser Zeit begann Rosners Ruhm in der Sowjetunion bereits zu verblassen. Er bekam zunehmend Schwierigkeiten mit der offiziellen Kulturbehörde, und die Situation verschlechterte sich dramatisch, nachdem sein Verwaltungsleiter Michail Chotimskij eine andere Stelle angetreten hatte und Rosner auch die Geschäfte selbst führen musste. In der Sowjetunion bedeutete dies vor allem »Klinkenputzen« bei hohen Funktionären, die Unterwürfigkeit erwarteten – ein Verhalten, das für den selbstbewussten, oft jähzornigen Rosner jedoch nicht in Frage kam. »Katzbuckeln und Bitten war Eddie nicht gewohnt. Das konnte er nicht.«[49] Die Konflikte führten zu Gehaltskürzungen; schließlich legte man ihm nahe, in Rente zu gehen. Das war zu viel für Rosner, so dass er selbst als Orchesterleiter bei *Roskoncert* kündigte. Sein Orchester wurde nun von Anatolij Kroll (geb. 1941) übernommen, der es 1971 als Orchester *Sovremennik* (Zeitgenosse) neu formierte.[50]

Es mutet beinahe als Akt der Verzweiflung an, dass der »Verdiente Künstler der Belorussischen Sowjetrepublik« 1968 in der Provinzstadt Gomel' noch einen letzten Versuch als Orchesterleiter unternahm, der jedoch mit einem Fiasko endete. Im selben Jahr war Rosner in einer kleinen Nebenrolle in dem sowjetischen Film »Odin šans iz tysjači« (»Eine Chance aus 1000«) zu sehen. Der Film spielt im Jahre 1942 und erzählt die Geschichte einer sowjetischen Kundschafterabteilung, die hinter die feindlichen Linien gerät und aus der Einkreisung durch die Wehrmacht auszubrechen versucht. 28 Millionen Zuschauer sahen diesen künstlerisch eher zweitrangigen Film, in dem Rosner in einer NS-Uniform auftritt.[51] Immerhin hatte der große sowjetische Regisseur Andrej Tar-

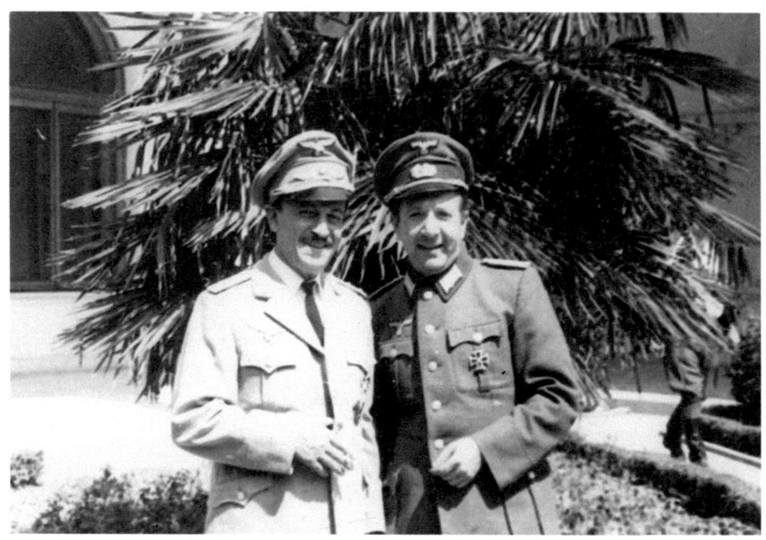

Foto aus dem Film »Eine Chance aus 1000«, Eddie Rosner links, in Wehrmachtsuniform

kovskij (1932–1986) am Drehbuch mitgeschrieben. Tarkovskij hatte zuvor bereits durch Filme wie »Ivans Kindheit« und »Andrej Rublëv« internationale Anerkennung erlangt und 1962 sogar den Goldenen Löwen in Venedig gewonnen.

Ende der 1960er Jahre begann Eddie Rosner Anträge auf Ausreise in die Bundesrepublik Deutschland zu stellen, die aber allesamt abgelehnt wurden.[52] Stattgegeben wurde schließlich einem Antrag auf Ausreise in die USA, und einmal mehr spielte dabei die »hohe Politik« eine entscheidende Rolle im Leben Eddie Rosners. Als erster US-Präsident besuchte Richard Nixon im Mai 1972 die Sowjetunion. Der bekennende Jazzfan Nixon schickte Duke Ellington im Herbst 1971 gleichsam als »Vorhut« auf eine Tournee durch die UdSSR.[53] Wenngleich eine Marginalie in den amerikanisch-sowjetischen Verhandlungen im Zeichen der Entspannungspolitik, wurde Rosners Ausreise aus der Sowjetunion vermutlich genau in diesem Kontext bewilligt. Voraussetzung dafür war eine Bürg-

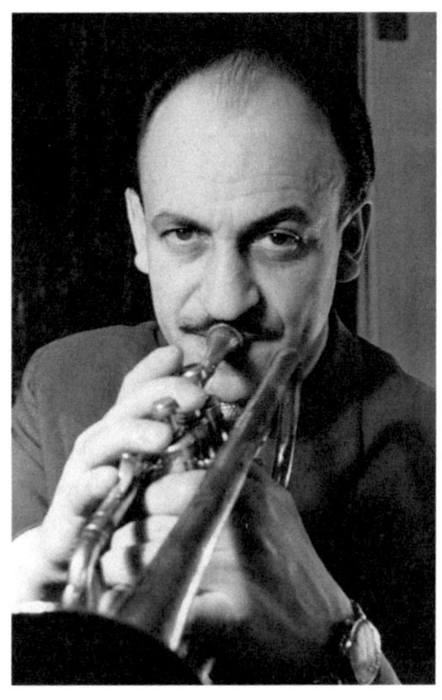

Eddie Rosner, vermutlich vor der Ausreise aus Moskau

schaft seiner in den USA lebenden Schwester Erna. Rosners Tochter Erika, die zu diesem Zeitpunkt ebenfalls in den USA lebte, erhielt einen Anruf aus dem Büro von Duke Ellington, der nachfragen ließ, ob Rosner tatsächlich komme.[54]

Im Januar 1973 erhielt Rosner in Moskau den für die Ausreise erforderlichen Pass und flog anschließend am 12. Februar zusammen mit seiner Frau Galina nach Berlin-Schönefeld. Damit endete Rosners über drei Jahrzehnte währende und mit extremen Höhen und Tiefen verbundene Karriere als »Zar des sowjetischen Jazz«. Stellvertretend für die vielen Wegbegleiter und Wegbegleiterinnen im »Arbeiter- und Bauernstaat« sei abschließend noch einmal Kamilla Kudrjavceva zitiert:

»Er war kein sowjetischer Held,
Rief mit seiner Trompete nicht zum Todeskampf auf,
Strotzte weder vor russischer Jugendkraft,
noch vor Verwegenheit.

Aber er kämpfte in dieser Welt,
Sein Jazz ertönte toll und laut,
Sowohl in Brest wie auch in Sibirien
wurde er begeistert gefeiert.
(…)

Eben so – energisch, fröhlich, lebendig, klug, schön – behielten ihn in ihrer Erinnerung diejenigen, die mit ihm zusammen gearbeitet haben. Ich habe den Eindruck, dass er äußerlich seinen Lieblingskomponisten, Duke Ellington, kopierte und sein Bühnenbild übernommen hat. Man kann es doch sehen – der gleiche schwarze Oberlippenbart, die gleiche Art zu dirigieren, die Trompete in der Hand zu halten, genau so ein weißer Anzug. (…) Dieses Bühnenbild hat sich in mein Gedächtnis eingeprägt. Ich habe Eddi Ignat'evič und sein Orchester auf jeden Fall in bester Erinnerung.«[55]

In Berlin –
Eine Heimkehr in die Fremde

»Im Jahre 1956 habe ich geheiratet. Habe mich dann laufend um die Ausreise nach Deutschland bemüht, die mir jedoch immer wieder abgelehnt wurde. Im Januar 1973 gelang es mir endlich den Pass für eine Reise zu meiner Schwester nach USA, mit der Genehmigung eines 6-tägigen Zwischenaufenthalts in Berlin zu bekommen. Ich bin am 12. Februar 1973 mit meiner Frau aus Moskau nach Berlin geflogen und von hier aus nach 6 Tagen nach Friedland gefahren. Am 19. Februar 1973 kamen wir – ich und meine Frau – in Friedland im Durchgangslager an und wurden am gleichen Tag registriert. Auf Grund unserer Unterlagen bekamen wir deutsche Pässe.«[1]

Mit einer gewissen Befriedigung, vielleicht Genugtuung, wird Eddie Rosner den deutschen Pass in seiner Hand betrachtet haben. Seitdem er aus seiner Heimatstadt Berlin vertrieben worden war, waren fast genau 40 Jahre vergangen. Die Nationalsozialisten hatten Rosner mit einem Aufführungsverbot belegt und ihn wegen seiner jüdischen Herkunft verfolgt. Die Musik, für ihn Lebensmittelpunkt und -inhalt, hatten sie verunglimpft, als unerwünscht und »entartet« verhöhnt. Nun endlich konnte er zurückkehren – als deutscher Staatsbürger.

Drei Zeitfenster sollen im Folgenden geöffnet werden; alle geben den Blick frei auf Eddie Rosners Bemühen, Fuß zu fassen in der so lange vermissten Heimatstadt. Im ersten sieht man seine Auseinandersetzung mit unterschiedlichen

Berliner Behörden, ein Unterfangen, das sich als wahre Sisyphusarbeit herausstellen sollte. Im zweiten »Fenster« wird die Musik in den Mittelpunkt gestellt, die Rosner nach seiner Rückkehr 1973 in Berlin auf die Bühne bringen wollte. Lutz Adam, ein Zeitzeuge und Kenner der Berliner Musikszene, wird darüber Rechenschaft ablegen. Zum Dritten soll anhand eines Fotos noch einmal die Verquickung der europäischen Geschichte mit dem Leben Eddie Rosners betrachtet werden.

Rosners unermüdliches Drängen, seine Rechte gegenüber den Behörden in der geteilten Stadt durchzusetzen, waren tatsächlich mühsam. Seine Anstrengungen wurden von den zuständigen Stellen verlangsamt, teilweise sogar behindert.

Die Unterlagen, vor allem Rosners Entschädigungsakte, die im Entschädigungsamt Berlin aufbewahrt wird, zeigen die unflexible Handhabung seiner Anträge durch die Gerichte in West-Berlin. So erging am 24. April 1974 ein Bescheid des Entschädigungsamtes Berlin, in dem Rosners Antrag auf Entschädigung abgelehnt wird. Das Amt stützte sich dabei im Grunde auf einen einzigen Punkt: Man argumentierte, die Unterlagen seien verspätet beim Amt eingegangen. Auf die Gründe für den Antrag, vor allem auf die Schäden und Folgeschäden, die Eddie Rosner in Nazi-Deutschland hatte erleiden müssen, wurde nicht eingegangen. Der Hinweis auf die nicht eingehaltene Frist blieb die alleinige Begründung: »Der Entschädigungsantrag ist erst am 6. Juli 1973, also nach Ablauf aller Antragsfristen des BEG [Bundesentschädigungsgesetz, MP] eingegangen. Die Bestimmungen des Art. VIII BEG-SG lassen die Anmeldung von Ansprüchen nach dem Bundesentschädigungsgesetz nur bis zum 31. Dezember 1969 zu.«[2]

Eddie Rosner hatte sich inzwischen an Rechtsanwälte gewandt, die eine Klage gegen das Land Berlin, vertreten durch das Entschädigungsamt Berlin, anstrengten. Im vorgelegten

Schriftsatz wiesen die Anwälte auf die zahlreichen Schäden Rosners hin: »Schaden an Körper und Gesundheit, Schaden an Freiheit, Schaden an Eigentum oder Vermögen. Schaden im beruflichen Fortkommen.«[3] Nicht überraschend setzten die beiden Anwälte am strittigen Punkt der Fristversäumnis an: Wie könne es sein, »daß der Kläger, der von 1940 bis zum 12. Februar 1973 in der UDSSR wohnhaft gewesen war«[4], gleichzeitig in der Lage gewesen sein soll, seine Ansprüche fristgemäß in Deutschland anzumelden?

Am 5. April 1974 erging daraufhin in der Sache Rosner gegen das Land Berlin eine Ladung zu einer mündlichen Verhandlung vor einer Zivilkammer des Landgerichts. Erneut wiesen die Anwälte darauf hin, dass es für ihren Mandanten schlichtweg unmöglich gewesen sei, seinen Antrag fristgemäß einzureichen, da er bis vor kurzem in der Sowjetunion gelebt habe. Doch das Landgericht wies die Klage am 9. Oktober 1974 als unzulässig ab. Die entscheidenden Sätze des Urteils lauten: »Der Kläger hat eindeutig mit seinem Entschädigungsantrag die Schlussfrist des Art. VIII BEG-SG versäumt. Diese Frist ist eine Ausschlussfrist, gegen deren Versäumung eine Wiedereinsetzung in den vorigen Stand nicht vorgesehen ist. Der Kläger irrt, wenn er annimmt, daß diese Frist deswegen für ihn nicht gelten könne, weil er bis zum 31. Dezember 1969 keine Möglichkeit gehabt hat, seine Ansprüche anzumelden.«

Doch Rosner und seine Anwälte ließen nicht locker; sie versuchten, die rechtlichen Möglichkeiten bis zur Neige auszuschöpfen und legten gegen das Urteil vom Oktober 1974 Berufung ein. Inzwischen schrieb man den 17. Januar 1975. Schon gut einen Monat später wurde auch die Berufung als unzulässig verworfen. Entscheidend für das Kammergericht war der bereits mehrfach genannte Grund: Die Frist sei eine Ausschlussfrist, »in die eine Wiedereinsetzung begrifflich nicht in Betracht komme«[5].

Zum Abschluss verabreichte das Kammergericht den Anwälten Rosners noch eine juristische Ohrfeige: »In diesem Fall habe es der Berufungsführer versäumt, die Aussichten des Rechtsmittels genau zu prüfen und damit einer Überbelastung der Berufungsgerichte mit offenkundig unbegründeten Berufungen vorzubeugen.«[6]

Es gab aber auch einen positiven Bescheid durch das Entschädigungsamt für Rosner: »Über Ihren Antrag vom 24. April 1973, eingegangen am 27. Juli 1973, wird nach dem Gesetz über die Anerkennung und Versorgung der politisch, rassisch oder religiös Verfolgten des Nationalsozialismus (PrVG) in der Fassung vom 13. September 1958 (GVBI. S. 907) und unter Berücksichtigung der dazu ergangenen Änderungsgesetze in Verbindung mit § 229 des Bundesentschädigungsgesetzes (BEG) vom 29. Juni 1956 (GVBI. S. 764) in der jeweils geltenden Fassung wie folgt entschieden:

Nach §§ 12–14 PrVG wird Ihnen für die Zeit, in der sie ihren Wohnsitz und ständigen Aufenthalt im Lande Berlin haben, folgende PrV-Rente gewährt:

1. Juli 73 – Rente mtl. DM 597
1. August 73 – Rente mtl. DM 697
1. September 73 – Rente mtl. DM 179
1. Januar 74 – Rente mtl. DM 697.«[7]

Zusätzlich zur Rente konnten alle Verfolgten, also auch Rosner, Anträge auf unterschiedliche Unterstützungen beantragen, die wichtigste davon war ohne Zweifel der Anspruch auf Heilbehandlung, also auf ärztliche Versorgung.[8] Als Wohnort gab Eddie Rosner die Eisenzahnstraße 12 in Berlin an – die Wohnung der Schwester Erna, wo die beiden Zugereisten Unterschlupf gefunden hatten. Später zog das Ehepaar Rosner zusammen mit der Tochter Valentina in die Bergfriedstraße; Eddie Rosner gefiel die Wohnung in einem Neubau. Wenige Monate vor Rosners Tod fand die Familie schließlich in der Uhlandstraße 100 eine größere, schönere

Wohnung. »Auf dem Boden lag ein wunderbarer Teppich, er war weinrot, an ihn erinnere ich mich genau.«[9]

Die Rente war im Übrigen an den ständigen Berliner Wohnsitz gebunden, was freilich Rosner nicht störte, er wollte ja in seiner Heimatstadt Berlin wieder Erfolg haben und Ansehen gewinnen. Als erlernten und jetzigen Beruf gab Rosner im Antrag »Musiker – Komponist – Dirigent – Trompeter« an. In der Rubrik »Staatsangehörigkeit« wurde von ihm »deutsch« in das Formular eingetragen.

Der Rentenantrag vom 15. Juni 1973 schließt mit den Sätzen: »Zum Beweis meiner Angaben füge ich folgende Unterlagen bei bzw. benenne ich folgende drei Personen als Zeugen: Geburtsurkunde, Heiratsurkunde der Eltern, Bescheinigung der Jüdischen Gemeinde vom 3. April 1973, Lebenslauf.«[10]

Rosner nannte im Folgenden nur zwei Personen als Zeugen – was offenbar genügte – und legte die geforderten Dokumente bei. Die Bescheinigung der Jüdischen Gemeinde vom 3. April 1973 lautet: »Wir bescheinigen hierdurch Herrn Adolf (Eddie) Rosner, geb.: 26. Mai 1910 in Berlin, dass er Mitglied der Jüdischen Gemeinde zu Berlin und seit seiner Geburt Glaubensjude ist.«

Am 21. April 1975 wurde in einer weiteren »Sache Rosner« verhandelt, dieses Mal vor dem Ausgleichsamt, Abteilung Finanzen des Bezirksamtes Kreuzberg von Berlin. Rosner erhielt Gelegenheit, über seinen persönlichen Werdegang zu berichten und über seine finanziellen Mittel Nachweis zu führen. In einer kurzen Zusammenfassung am Ende der fünfseitigen Erklärung zog er Bilanz: »Befragt, was aus meinem Eigentum in Moskau geworden ist, erkläre ich, daß ich mit der Erteilung der Ausreiseerlaubnis auf sämtliche Rechte als Bürger der Sowjetunion verzichten mußte, was ich auch tat, so daß ich auch keine Ansprüche gegenüber dem Kollektiv für meine Wohnung wie auch für meine Musikinstrumente erheben konnte. Ich betone hierzu, daß ein Verkauf dieser Wohnung nicht möglich ist, sondern das Kollektiv die Verwaltung dieser Wohnung hat, die Musikinstrumente sowie auch alle meine Haushaltssachen blieben dort. Mir ist aber gestattet worden, eine Kiste mit meinen privaten Büchern auszuführen, auch zwei Orientteppiche und kleine Haushaltsartikel, wie Nähmaschine und Geräte, die man für den alltäglichen Gebrauch benötigt. Sonst nichts weiter.«[11]

Peinlich genau wurde Rosner über seinen in der Sowjetunion verbliebenen Besitz befragt, besonders über seine Wohnung in Moskau. Er wies wiederholt darauf hin, dass es Wohnungseigentum in der Sowjetunion nicht gebe, er aber in einem der neuen Moskauer Wohnprojekte ein eigentumsähnliches Verhältnis begründet habe. Doch das Finanzamt wollte es genau wissen: Gab es anteilige Straßen- und Müllgebühren, andere Lasten der Wohnung, etwa Licht und Gas? Rosner sollte sogar Auskunft darüber geben, wie viele Regale sich in seinem Zimmer befanden, ob auch Musikinstrumente auf den Regalen verstaut waren und wo genau hinter dem Steinwayflügel und einer kleinen Orgel, die er sein Eigen nannte, die Noten-Regale angebracht waren. In den Antworten Rosners ist sein Stolz auf die Menge der Noten durchaus erkennbar – immerhin umfasste sein Orchester in jenen letzten Jahren in der Sowjetunion 64 Musiker![12] Leider ist der Entscheid des Finanzamtes nicht Teil der Entschädigungsakte Rosner, so dass keine weiteren Informationen über das Ergebnis des Verfahrens bekannt sind.

Im zweiten Zeitfenster tritt Lutz Adam auf. Adam ist Anwalt und gleichzeitig Hörfunkredakteur in Berlin. Seine ersten Rundfunkerfahrungen machte er beim Sender *RIAS*, wo er schließlich redaktionell tätig wurde. Sein Spezialgebiet ist der Jazz, vor allem die Swing-Musik. Adam hatte stets ein waches Auge auf die Musik-Szene in Berlin, die ihm in den 1970er und 1980er Jahren nicht mehr so recht gefiel. Weder eintönige »Discomusic« noch simplifizierte »Dixieland-Evergreens« konnten Gnade vor seinen Augen finden. Aufmerksam aber wurde Adam, als er von Eddie Rosner hörte. »Ich darf zunächst sagen, wie und warum ich ihn kennengelernt habe. Er bekam nach langen, langen Jahren der Verfolgung in Russland die Möglichkeit in seine Heimat, sprich nach Berlin auszuwandern. Und das lag am Besuch von Nixon, der damals in der Sowjetunion war und schon einiges glättete. Und er bekam also die Möglichkeit nach Berlin zu kommen und kam, ich weiß es nicht genau, aber ich schätze so Mitte der 70er Jahre. Und sah nun sein altes Berlin wieder, wo er ja große Erfolge mit den Weintraubs gehabt hat und dann so plötzlich gehen musste. Aus diesen rassistischen Gründen der Nazis.«[13]

Adams umfangreiche Erfahrungen im Jazz-Genre führen dazu, dass sich immer wieder Kollegen an ihn wenden. Vor allem von selbst Erlebtem im Musikgeschäft kann er erzählen, seine Anekdoten sind legendär und offerieren einen wahren Schatz der Musikgeschichte. Heute arbeitet Adam für den *RIAS*-Nachfolgesender *Deutschlandradio Kultur*. Er erinnert sich im Gespräch noch genau an sein erstes Treffen mit Eddie Rosner: »Er kam hierher und war voller Tatendrang, er war ja auch nicht mehr so sehr jung, wie alt er damals war, kann ich jetzt nicht sagen, er war jedenfalls kein junger Mann mehr. Wie man sah, sind die Jahre nicht spurlos an ihm vorübergegangen.

Und er hatte also eine Idee. Und ich glaube mit dieser Idee hat er bestimmt 30 oder 40 Jahre lang gelebt. Er wollte dort anknüpfen, wo er 1933 enden musste, nachdem sie ihn rausgeschmissen hatten, nämlich im Show-Business der 20er Jahre. Und er suchte also hier nach einer Lokalität, die dafür geeignet wäre, mit Lämpchen und mit Plüsch und was weiß ich alles. Und er suchte nach Musikern. Die waren in Berlin zwar nicht leicht, aber die waren zu finden, sechs, sieben

Mann, die dann genauso wie sie [die *Weintraubs*, MP] mehrere Instrumente spielen und Show machen sollten.

Dafür mietete er in einem Neubau, am Kurfürstendamm, Ecke Brandenburgische Straße, da war ein Neubau und da war ein Kellergeschoss. Dieses Kellergeschoss, ziemlich groß, mietete er und steckte viel Geld da rein. Also viel Geld, was hat er gehabt, was konnte er machen? Er hat nicht sehr viel bekommen an Entschädigung – die genaue Summe weiß ich nicht; [er] steckte [das Geld] da also rein und baute das in irgendeiner Form um, zu einer Dancing-Geschichte aus den 20er Jahren. Und dieses nannte er dann, auch ein Begriff aus dieser Zeit: ›Gamasche‹. Und (…) er hat dann sechs oder sieben Jungs gefunden, die ich zumeist kannte, hier vom Polizei-Orchester waren einige. Die Jungs waren richtige Jazzer und Musikanten – Was wollen Sie haben? O.K. Das machen wir. Und da wurden Kostüme angeschafft und alle sechs als Mädchen angezogen, also so wie es in den 20er Jahren üblich war.«[14]

Es steht zu vermuten, dass sich Rosner über die Bekanntschaft zu Adam freute. Immerhin hatte dieser als Jazzredakteur viele Kontakte zu Clubs, zu verschiedenen Rundfunk- und TV-Sendern und bestimmt auch zu Plattenlabels, wusste von vielerlei Möglichkeiten, um Gigs zu organisieren. Denn aufzutreten, gerade in Berlin, war Eddie Rosners größter Wunsch.

»Und dort in dieser ›Gamasche‹, durch die Musikanten, die mit mir bekannt waren, von denen wusste ich, dass dort etwas ganz Neues und ganz Tolles passieren sollte, dort lernte ich diesen Mann kennen. Es war ein, soweit ich mich erinnere, und ich kann mich gut erinnern, weil er doch sehr beeindruckend war, (…) ziemlich schmächtiger Mann, ein bisschen ausgemergelt, aber mit einem ganz wachen Auge. Und er wusste genau, was er wollte. Wir lernten uns dort kennen, er saß immer zur Seite. Also nicht dass er irgendwie auftrat, ›Ich bin der Rosner‹, was überhaupt nicht zutraf. Er war die Figur im Hintergrund, die die Ideen hatte. Mit ihm habe ich mich sehr häufig unterhalten, auch über die Zeit natürlich, die er erleben musste, weil mich das selbst, musikalisch und menschlich, sehr interessierte. Und ich habe ihn, das weiß ich noch, ich habe ihn vor seinen überstürzenden Ideen gewarnt. Ich habe gesagt, das wird nichts, das kann nichts werden, denn wir haben jetzt die 70er Jahre. Die Jugend ist eine völlig andere Generation, muss natürlich auch so sein. Die Musik ist eine völlig andere, und was Sie hier machen wollen, wird vielleicht ein paar Menschen über 60, über 70 interessieren, aber wie oft gehen die aus? Die gehen einmal hin und sagen, ach war das wunderschön, dann haben sie wieder ihr Rheuma und gehen nicht mehr hin. Also ich war da schon sehr, sehr skeptisch. Ich habe ihn vielleicht vier-, fünfmal in diesem Lokal gesehen und immer war dieses Thema da. Aber er ließ sich überhaupt nicht beeindrucken und er hatte das vor und er wollte das. Einen Architekten zu finden, der sagt, ›Was wollen Sie haben? Alles baue ich Ihnen hin. Den Mond? Wie Sie's möchten.‹ Es war eigentlich sehr schön, aber es kam genau das, was ich vorausgesehen hatte, am Anfang war ein bisschen Publikum da, und es wurde weniger und wurde immer weniger. Und dann kam das unrühmliche Aus und Ende, und ich glaube, dass auch diese Enttäuschung, diese Riesenenttäuschung, die er da erlebt hat, dass die zu seinem sehr schnell folgenden Tod geführt [hat]. Das weiß ich natürlich nicht, aber ich hatte diesen Eindruck. Das war also meine Begegnung mit einem außergewöhnlichen Menschen.«[15]

In den drei Jahren nach seiner Ausreise aus der Sowjetunion und vor seinem frühen Tod besuchte Rosner auch seine Verwandten in den USA. Aus dieser Zeit ist ein handschriftliches Notizblatt erhalten, auf dem er erste Sätze für eine geplante Autobiografie niederschrieb. Auf einen Titel konnte er bereits zurückgreifen: »Das Land der unbegrenzten UNmöglichkeiten«. Wenn Rosner weitergeschrieben hätte, wäre seine Autobiografie zweifellos zu einer grundlegenden, bitteren Abrechnung mit der Sowjetunion geworden. »Es ist jedem Menschen bekannt, daß man Amerika das Land der unbegrenzten Möglichkeiten nennt. Als ich nach vielen Jahren in 1973 wieder nach New York kam, fuhr ich mit einem Taxidriver, einem Neger, vom Hotel ›Wellington‹ zum Empire State Building. Auf dem Wege fragte er mich: ›Where do you come from? Woher sind Sie?‹ Ich antwortete: ›Gerade aus der Sowjetunion – aus Russland.‹ ›Oho, sagte er, (...) ins Land der unbegrenzten Möglichkeiten???‹ Wir sprachen noch viel mit ihm und als wir ankamen, sagte er: ›Sehen Sie dieses Building? Wenn Sie eine Minute Glück haben, können Sie sich so einen Wolkenkratzer bauen. (...) Hier gibt es viele, die das geschafft haben. Ja, genau darum eben, wie man sagt, Das Land der unbegrenzten Möglichkeiten!‹

Ich habe lange danach gesucht, wie ich mein Buch nennen soll und ich glaube, es wäre das einzige richtige, es so zu betiteln: ›Das Land der unbegrenzten UNmöglichkeiten‹. Die Sowjetunion-Russland-Sibirien-Glück-Unglück-Aufstieg-Verbannung-Hunger-Kreml-Verleumdungen-Verehrung-Arbeits- und Zwangslager-Rehabilitation (...) 33 Jahre in [den] blutigen Klauen des russischen, roten Bärs! Meine Lebensgeschichte wollte ich eigentlich nicht auf das Papier bringen, aber es wäre schade darum.«[16]

Rosner unterschrieb mit galligem Humor: »Eddie Rosner, ehemaliger Ehrenartist Weißrusslands.«[17]

Es dauerte sehr lange, bis Eddie Rosner, Lothar Lampel, Joe Schwarzstein und Steps Weintraub zumindest brieflich wieder an die gemeinsamen Zeiten anknüpfen konnten, denn sie lebten über mehrere Erdteile verstreut.

Stefan Weintraub nahm Ende 1973 wieder Kontakt zum früheren Weggenossen Ady auf. Er schrieb ihm am 2. November 1973 von Australien aus und schien wenig vom Schicksal seines Freundes gewusst zu haben: »Du hast sicher in den mehr als 40 Jahren, seit wir uns das letzte Mal sahen, enorm viel durchgemacht, Schoenes und auch weniger Gutes, und ich kann mir vorstellen, daß Du in Deinen alten Tagen – Du bist ja mindestens 12 Jahre oder mehr juenger als meine 76 – Dir etwas mehr Ruhe goennst, obgleich ich nicht weiß, ob Du noch spielst oder irgend etwas anderes tust oder Dich auf Deinen Lorbeeren ausruhst und von den Zinsen Deines Vermoegens lebst.«[18]

In einem undatierten Brief aus San Francisco, adressiert an Horst Bergmeier, bekennt sich Lothar Lampel zu seiner frühen Liebe zum Jazz, die ihn noch immer erfüllt: »Habe aufgehört zu swinging (!), bin aber trotzdem noch ein Jazzlover von guter Jazzmusic.«[19]

Eddie Rosners musikalisches Interesse ging nach seiner Übersiedlung dagegen immer stärker hin zu Chansons, Couplets und Songs. Oder neuer amerikanischer Tanzmusik, wie Partituren belegen, die den Titel »Shake« oder »Bounce« trugen. Dabei war das Repertoire der Musik, die er nun komponierte und aufnehmen wollte, größer als es die Erinnerungen von Lutz Adam nahe legen. Zwar finden sich bei den neuen Stücken, die er schrieb und mit einem einfachen Kassettenrekorder auf einer Demo-Kassette zusammenstellte,[20] tatsächlich Songs mit Anleihen an die Zeit mit den *Weintraubs* – zum Beispiel »Kling-Klingeling-Glöckchen«, in dem schon kurz nach Beginn »das süßeste Mädchen der Welt« besungen wird. Doch damit erschöpft sich die Bandbreite seiner Musik keineswegs. Andere Titel sind an russische *Expatriates* gerichtet, so das Trinklied »Nastarowje«; es gibt Songs, die im Sprechgesang vorgetragen werden und an Barmusik oder auch an den Gesangsstil von Udo Jürgens erinnern, so in den Liedern »Wenn Dein Stern« und das eindringliche »Komm mit mir«. Im Mittelpunkt der 15 Gesangstitel – vorgetragen von Eddie

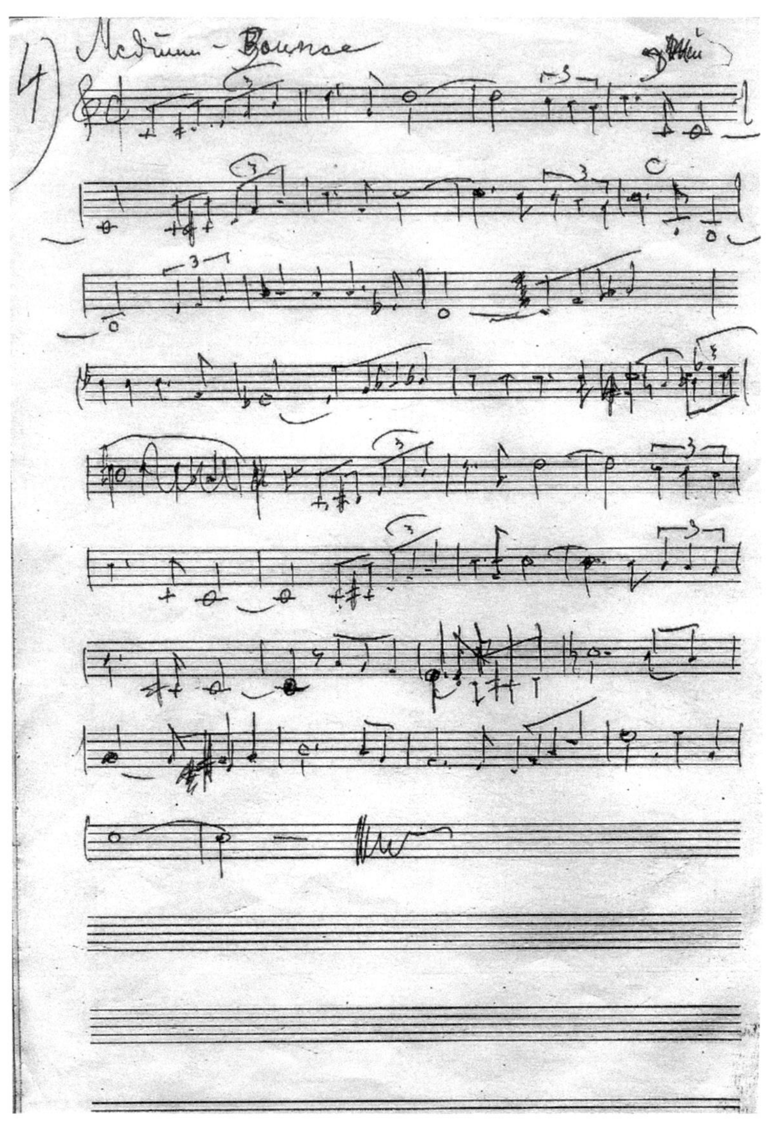

Handschriftliches Notenblatt von Eddie Rosner zum Song «Bounce», um 1973

Rosner am Piano und an der Hammond-Orgel, gesungen von Helmut Niessner, mit dem Rosner Aufnahmen plante – steht ein Lied, das in enger Zusammenarbeit der beiden entstanden war und den programmatischen Titel »In Moskau geht die Sonne auf« trägt. Der Text wirkt eigentümlich wehmütig: »Der Ostwind weht durch mein Fenster, er singt mir leis' ein Lied. Er bringt den sehnsuchtsvollen Duft von Heimaterde mit.« Gerade in Anbetracht der zornigen Bemerkungen Rosners in den Ausführungen zu seiner geplanten Autobiografie fällt es schwer zu entscheiden, welches Gefühl gegenüber Russland bei ihm nun tatsächlich überwog. Auf die Frage, ob Rosner seine Rückkehr nach Deutschland bereut habe, antwortet seine Tochter Irina Prokofieva-Rosner: »Das hat er nie gesagt. Während er in Moskau immer über die Russen geschimpft hatte. Ständig, er war ständig unzufrieden in Russland, ständig unzufrieden. Trotz allem.«[21]

Von großen Plänen sprechen alle, die Rosner damals in Berlin kannten. Lutz Adam kannte den Tanzclub *Gamasche*, Irina Prokofieva-Rosner hörte von einem Restaurant mit Namen *Bojar* im Europacenter, das aber nicht lange bestand,[22] und Erika Rosner ist sich sicher, dass die Musiker, die sie bei Besuchen in der Wohnung ihres Vaters traf, der Kern einer Musikgruppe waren, für die Rosner ein Konzert zusammenstellte. Sie berichtet zudem von geplanten Auftritten in Brasilien und Israel. In beiden Ländern lebten Angehörige, die bei der Promotion der Konzerte Hilfe leisten konnten. Sogar der Kartenverkauf hatte wohl schon begonnen.[23]

Bevor Rosner starb, gab es mindestens zwei Treffen mit früheren Orchestermitgliedern in Berlin. In einem Brief aus dem Jahr 1983 spricht sein Cousin Lothar Lampel davon: »Ich habe ihn zweimal in Berlin besucht. Eine Woche vor seinem Tode haben er und sein früherer Schlagzeuger Joe Schwarzstein der damals auch in Berlin war, mich zum Flugplatz begleitet.«[24]

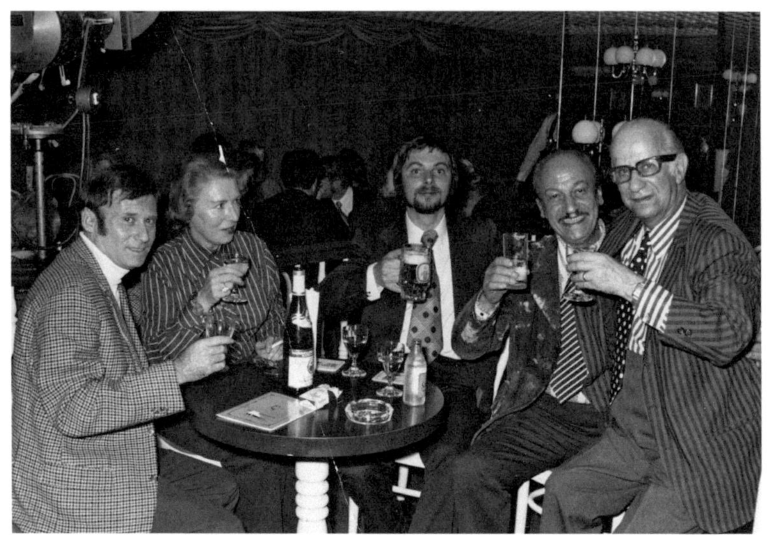

In der »Wiener Rutsch'n«, 2. v. re. Eddie Rosner, li. daneben Helmut Niessner, 04. Oktober 1973

Einen dritten und letzten Blick zurück erlaubt ein Foto, das eine eindringliche Geschichte besitzt. Valentina Vladimirskaja-Rosner hat es aufgehoben, in Erinnerung an den liebevoll »Papa« genannten Stiefvater. Es zeigt eine Gruppe von fünf Menschen, vier Männer und eine Frau, die sich um einen Tisch in einem Café oder einer Bar gruppieren. Der zweite Mann von rechts ist Eddie Rosner, er hebt sein Glas, fröhlich dem Fotografen zuprostend. Valentina Vladimirskaja-Rosner zufolge ist der jüngere Mann links von ihrem Vater Helmut Niessner, ein Autor und Kabarettist, der für Rosner in den 1970er Jahren einige Liedtexte geschrieben hatte und auf der schon erwähnten Demo-Kassette als Sänger zu hören ist. Nach einer heftigen Auseinandersetzung beendeten sie jedoch ihre Zusammenarbeit.[25] Niessner stammt aus Wien und trat öfter in der *Wiener Rutsch'n* in Berlin auf, eine Kleinkunstbühne in der Martin-Luther-Straße 18, wie sie Rosner nur zu gerne selbst betrieben hätte, vielleicht sah er sich auch schon als eine der kommenden Attraktionen des Etablissements. »Schlawienerisch – Live aus der Wiener Rutsch'n« hieß eine Langspielplatte die Niessner dort aufnahm.

Auf der Rückseite des Fotos ist der Name der Fotografin und die Adresse ihres Fotostudios abgedruckt, und es bedurfte nur einer kurzen Recherche und am Telefon meldete sich die immer noch feste Stimme einer bald 80-jährigen Frau, die von aktuellen, dringenden Aufträgen bei den Berliner Filmfestspielen sprach.

Helga Simon, so der Name der Fotografin, ging in den 1970ern abends in Restaurants, Cafés und Bars, um Tischgesellschaften zu fotografieren, in der Hoffnung, dass man ihr die Fotos abkaufen würde. Erst mithilfe ihres Filmbuchs und ihres umfangreichen Archivs konnte sie schließlich das Datum, an dem das Foto entstanden war, genau benennen: Es war der 4. Oktober 1973, Rosner war seit neun Monaten in Berlin. Drei Orte hatte Helga Simon an jenem Abend des 4. Oktober besucht, die Tegeler See-Terrassen, das *Café Resi* – und die *Wiener Rutsch'n*. Damit war das Rätsel endgültig gelöst. Helga Simon und Eddie Rosner wussten nichts voneinander und haben sich auch durch das Foto damals nicht oder nur flüchtig kennengelernt. Aber für einen kurzen Augenblick waren sie miteinander verbunden. Und Ähnlichkeiten in ihren Lebensläufen gab es durchaus.

Wie Rosner hatte auch die Fotografin Helga Simon die Schrecken des 20. Jahrhunderts am eigenen Leibe erlebt. »Ihr Vater, ein Jude, war Freiwilliger im Ersten Weltkrieg, erhielt das Eiserne Kreuz 1. Klasse, aber auch einen Lungenschuss (...), dennoch wird er 1943 von den Nazis abgeholt. Er stirbt in Ausschwitz. (...) Um Ihr Kind zu schützen, flieht die Mutter mit der Tochter nach Ostpreußen. Als die Rote Armee im Januar 1945 näher rückt, wird aus der Holocausteine Vertriebenengeschichte. (...) Ihre Mutter wird verletzt –

in all dem Chaos verliert Helga sie. Sie wird sie nie wiedersehen.«[26]

Zwei Jahre nach Kriegsende kehrte Helga Simon nach Berlin zurück. Wie später Eddie Rosner, versuchte sie ihr Leben hier neu einzurichten. Bald nach ihrer Rückkehr traf Helga Simon auf Heinz Galinski, den Vorsitzenden der Jüdischen Gemeinde, ab 1954 auch Vorsitzender des Zentralrats der Juden in Deutschland. Von ihm wurde sie als Fotografin gefördert und ihr Archiv ist heute eine Schatzkiste für das Leben in der geteilten Stadt: »So viel Geschichte: Ihre Geschichte, die Geschichte der Jüdischen Gemeinde, die Geschichte Westberlins.«[27] Über Heinz Galinski sagt sie: »Er hat sich um mich gekümmert, als ob er mein eigener Vater wäre.«[28]

Rosner dagegen war auf sich allein gestellt. Dem Mann in der *Wiener Rutsch'n*, der auf dem Foto charmant einer ihm unbekannten Fotografin zuprostet, scheint Zuversicht ins Gesicht geschrieben zu sein. Nur knapp zwei Jahre später jedoch starb Eddie Rosner ganz überraschend am 8. August 1976 an einem Herzinfarkt. Er war erst 66 Jahre alt. Vielleicht führte der misslungene Versuch, im Musikgeschäft erneut Fuß zu fassen, zur Verzweiflung, die ihn auch körperlich zu einem gebrochenen Mann machte, wie Lutz Adam nahelegt.[29] Möglicherweise war er aber auch zermürbt wegen des Kampfes gegen die Windmühlenflügel der deutschen Bürokratie, wie seine Töchter Valentina und Irina vermuten.[30] Fraglos waren nicht zuletzt Eddie Rosners Leiden unter zwei Diktaturen ausschlaggebend für seinen frühen Tod.

Eddie Rosner – Die Nachgeschichte

»Born Adolph and also known as Adi, Eddy and the ›White Louis Armstrong‹, Eddie Rosner was acclaimed first in Berlin and then in Warsaw before being chased out by the Nazis. (…) He fled to the USSR, where he became a star, a convict, and eventually a deserter.«[1]

Mit diesen knappen Worten resümiert Mike Zwerin, Saxofonist und Jazzhistoriker, im Jahr 2002 Rosners Lebensdaten und schließt mit dem Hinweis auf das wieder auflebende Interesse am früh Verstorbenen: »An Eddie Rosner revival is underway.«[2]

Zwerins Feststellung kam durchaus überraschend, denn für eine lange Zeit war Rosner nicht mehr in der internationalen Gemeinschaft der Jazzmusiker erwähnt worden. Doch mit einem Erinnerungskonzert für ihn sollte sich dies ändern. Der Tag des Konzerts war der 14. Dezember 2001, der Ort des Geschehens die prestigeträchtige Tschaikowski-Halle in Moskau.

Der Produzent des Konzerts, Aleksej Batašev, sprach am Telefon von einem »glitzernden« Ereignis: »The legendary Eddie Rosner Jazz Orchestra triumphantly played his famous hits of '30s and '40s. All the Rosner legacy was scattered and exterminated. His name was forbidden twice in Soviet Union. Even now, it is still concealed, slurred over, veiled, hushed-up. No scores nowhere could be found. We had them transcribed from old 78s. This is first authentic ghost-band in Russia, like Glenn Miller and Count Basie.«[3]

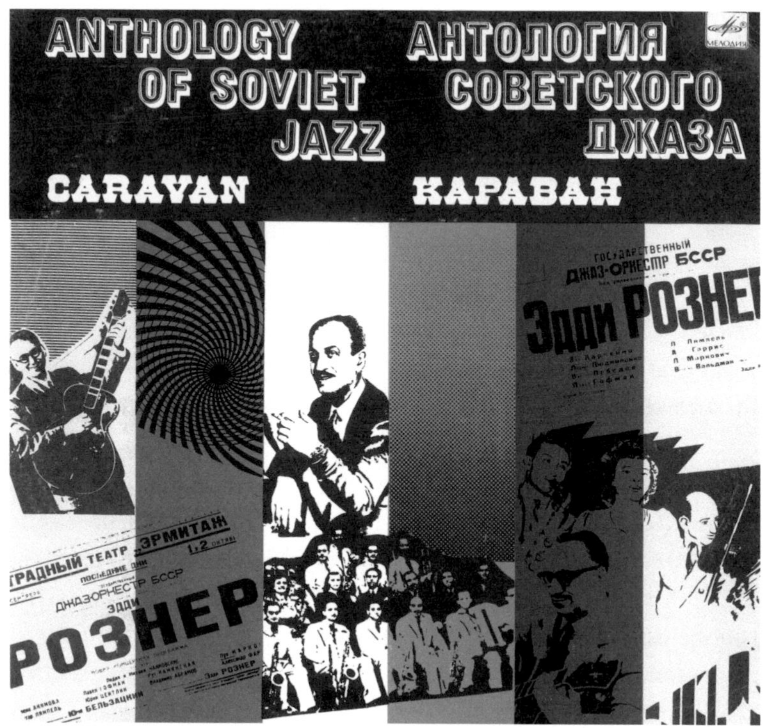

Plattencover: »Anthology of Soviet Jazz« mit Eddie Rosner (3. Spalte v. l.)

Aleksej Batašev war Präsident der Russischen Jazzkritiker-Gilde, er arbeitete als Journalist und als Historiker und machte sich einen Namen als Moderator für Sendungen in verschiedenen Medien. Dazu war er Produzent und Promoter und hatte 1958 in Leningrad den ersten Jazzclub in der Sowjetunion eröffnet. Er startete in den frühen 1990ern ein »Rosner revival«, als er ein Festival in Kasachstan der Frau des Trompeters widmete. Diesem Festival folgte die Hommage in Moskau.

Aber auch an anderen Orten war nun – nach langem Schweigen – wieder von Rosner die Rede. Man konnte Erinnerungen an ihn im Sender *Radio Free Europe* hören und vor allem muss man den Dokumentarfilm »The Jazzman From The Gulag« (1999) nennen, der unter der Regie von Pierre-Henri Salfati und Natalia Sazonova das Leben Eddie Rosners mithilfe von Archivaufnahmen und aktuellen Interviews, so mit Rosners Tochter Erika, nachzeichnet. Der Film wurde vielerorts gezeigt, in Russland, in Deutschland und in anderen europäischen Staaten, aber auch in Nordamerika, den USA und Kanada konnte man ihn sehen. Die Filmemacher gewannen gleich mehrere Preise auf dem *Festival Circuit* und holten damit Rosner endgültig wieder aus der Vergessenheit. Im Jahr 2000 erhielt das Autorengespann Salfati/Sazonova den renommierten internationalen Emmy-Preis für seinen 60-Minuten-Film. Viel Beifall gab es auch beim *Prix Italia*, auf dem *San Francisco International Film Festival* und beim Filmfestival in Vancouver. 2001 wurde der Film für den wichtigsten deutschen Fernsehpreis, den Adolf-Grimme-Preis, vorgeschlagen.

Das deutsche Fernsehen war, nach Auskunft des Dokumentaristen und Filmemachers Volker Kühn, noch in den 1970er Jahren nicht an Rosners Lebensgeschichte interessiert gewesen.[4] In einem Gespräch erinnert sich Kühn an sein vergebliches »Klinkenputzen« bei den deutschen Sendeanstalten: Nachdem er Eddie Rosner nach seiner Übersiedlung nach Berlin kennengelernt hatte, wollte er – inspiriert durch Eberhard Fechners Film über die *Comedian Harmonists* – eine Dokumentation über den damals noch lebenden Rosner drehen. Doch die zuständigen Fernsehredakteure winkten ab.

Aleksej Bataševs Bericht über das »Wunder«, das am 14. Dezember 2001 geschah, als das legendäre *Eddie Rosner Jazz Orchester* triumphierend seine berühmten Hits der 1930er und 1940er Jahre in der Tschaikowski-Halle spielte, trägt die Überschrift: »Resurrection of the Russian Satchmo«.[5] Rosners Namen zu nennen, so erinnert sich Batašev, war in der Sowjetunion gleich zweimal verboten worden: das erste Mal nach seiner Festnahme durch den Geheimdienst 1946, das zweite Mal nach seiner Ausreise aus der Sowjetunion 1973. Selbst heute noch wird der Musiker nach Ansicht Bataševs in Russland nicht als wichtige Person der Musikgeschichte wahrgenommen. Wenn alte Platten auf CD neu eingespielt werden, wird sein Name vergessen. Nur in den langen Listen von Bandleadern taucht er als einer unter vielen auf.

»But lately a little explosion of interest to Eddie Rosner shows. (...) During latter years impresario Maya Kotchubeyava and I produced a series of commemorative concerts dedicated to the great jazz bandleaders – Duke Ellington, Glenn Miller, Benny Goodman, Paul Whiteman and even Bert Ambrose. These events happened at the Tchaikovski Hall [in Moscow] and attracted a lot of people. And lately we decided to consecrate our next program to Eddie Rosner. To convoke a new orchestra, to give musicians scores and pathos of the Rosner's repertoire.«[6]

Allerdings war das Erbe Rosners in alle Winde verstreut. Als besonders mühsam stellte es sich heraus, die Noten und die Arrangements aufzutreiben, so dass schließlich nichts anderes übrig blieb, als die alten 78'er Platten zu suchen und die Noten abzuschreiben. Viele Arrangeure verweigerten, so Batašev, ihre Unterstützung bei diesem Vorhaben, nur Vladimir Prokorov half, die Arrangements vor dem Vergessen zu retten.

Der Moskauer Jazzexperte Batašev erinnert sich vor allem an seine erste Rosner-Platte, »A Thousand And One Bars In The Jazz Rhythm«, die er nur wenige Monate nach dem Ende des Krieges gekauft hatte. Der Song faszinierte ihn sofort. Diese Musik kündete ihm von einem neuen Leben – ohne Krieg und ohne Furcht: »New hopes stood on the threshold: Rosner's style was a milestone of those days, of that new era.«[7] Batašev konnte damals nicht wissen, dass diese neue Hoffnung schon bald zunichte gemacht und ihr hervorragendster musikalischer Vertreter in den Gulag verschleppt werden würde.

Zu dem Konzert in Moskau war auch einer der letzten Überlebenden der ursprünglichen Rosner-Band der 1950er Jahre eingeladen worden: der Schlagzeuger Boris Matveev, dessen Glanzstunde das Solo in Ellingtons »Caravan« gewesen war. »For him, who was the jazz fans ›idol‹ of the ’50s and is now almost retired, it was a special emotional experience. And when the audience stood up in unanimous ovation, Boris only could come close to a mike to mumble ›Spassibo, spassibo‹ [Thanks, thanks].«[8]

Das Programm in der Tschaikowski-Halle in Moskau bot im ersten Teil die »amerikanischen« Stücke von Rosner – »Blue Prelude«, »Caravan« und den großen Rosner-Hit »St. Louis Blues«. Im zweiten Teil des Abends spielte das *ghost orchestra* unbekanntere und unterschätzte Songs. Die Stücke, von Rosner selbst geschrieben, waren »innocently non-Soviet and jazzy«[9]. Darunter war ein Meisterstück für Trompete, ein Schwanen-Song mit dem Titel »Farewell My Love«, der nur wenige Wochen vor Rosners Verhaftung aufgenommen worden war, und der nun im Erinnerungskonzert von Vladimir Galaktionov wiederbelebt wurde. Aber Batašev blieb nicht in der Rolle des distanzierten Berichterstatters. Als ein verrückter Song der 1940er Jahre angestimmt wurde, »Cicha Woda«, hielt ihn nichts mehr, er sprang auf die Bühne und übernahm sogar den Part des Lead-Sängers. Die Zuhörer waren begeistert von der Musik der Band. Für Batašev selbst wurde das Konzert zu einer bleibend bewegenden Erinnerung: »It was uniquely touching.«[10]

Aleksej Batašev, bei einem Gespräch in seiner Moskauer Wohnung 2009 krank im Bett und sehr erschöpft, ist stolz auf sein Singen mit der Band. Er hält für Besucher sogar eine

Kassette mit Aufnahmen seiner »Jazz-Erfolge« parat. Trotz Erinnerungslücken erzählt er geistesgegenwärtig und voll Ironie vom sowjetischen Jazz: »I know that this is nigger music and I show you one of the niggers. He was very white. He was very white«[11], wiederholt er zu Beginn des Gesprächs und deutet auf ein Bild von Eddie Rosner. Batašev, ausgebildeter Ingenieur, erzählt vom ersten Treffen mit Rosner, den er 1956 kennenlernte und er kann sich sehr wohl an seinen ersten Eindruck von ihm erinnern: »Delight. They played as they should play, and it was so strong.«

Wenn über Vorbilder von Eddie Rosner gesprochen wird, fällt dabei unweigerlich der Name Dorsey. Jimmy Dorsey (1904–1957), Bruder des Posaunisten Tommy Dorsey, gehörte von den späten 1920ern bis in die frühen 1940er Jahre zu den populärsten amerikanischen Swing-Trompetern und Bigbandleadern. Batašev, vom Englischen ins Deutsche übergehend, bestätigt auf Nachfrage: »Yeah, he liked him. Mit seinem Geschmack war alles in Ordnung. From the heart, the feeling.«[12]

Batašev verhandelte mit japanischen Fernsehfilmern, die einen Film über den »St. Louis Blues« in verschiedenen Versionen planten. Man bat ihn, als Fachmann, über Rosners rasante Version des Songs zu sprechen. Dafür durfte er sogar die Sowjetunion verlassen und zum Drehen nach Warschau reisen. »Das war wohl eine japanische Art der Geldwäsche«, lautet seine trockene Erklärung dazu.

Auch ein zweiter Film muss im Zusammenhang mit Rosners Nachruhm noch einmal erwähnt werden: »Weintraubs Syncopators – Bis ans andere Ende der Welt«[13], ein Dokumentarfilm, der, wie auch »The Jazzman From The Gulag«, vom französisch-deutschen Fernsehkanal *ARTE* mitfinanziert wurde. Rosner, der spätestens ab 1930 eine wichtige Rolle bei den *Weintraubs* übernommen hatte, stand zwar nicht im Mittelpunkt des Films, aber die frühe Geschichte der Band war auch seine Geschichte. Klaus Sander und Jörg Süßenbach, die beiden Autoren des Films, erzählen von der Popularität der *Weintraubs* und von ihrem tiefen Fall, nachdem die Nazis begonnen hatten, die Musikszene Deutschlands radikal zu verändern, und missliebigen Personen, vor allem Juden, keine Auftritte mehr erlaubten.

Rosner-Kompositionen waren in jüngster Zeit regelmäßig auf Kompilationen zu finden, so etwa auf der CD »Unerwünschte Musik – Originalaufnahmen 1936–1939«[14]. Unter dem reißerischen Titel »Banned By Stalin« wurde 1995 ein Eddie-Rosner-Sampler in den USA veröffentlicht und Irina Prokofieva-Rosner stellte im gleichen Jahr eine Dreifach-CD-Box mit einem Überblick zum Schaffen ihres Vaters zusammen.

Ein weiterer Musiker, der an Eddie Rosner und an die Musik der 1930er, 1940er und 1950er Jahre anknüpft, ist der Pianist Juri Artamonov mit seinem deutsch-russischen *Artamonov Jazz-Trio*.[15] Artamonov möchte die Lieder seiner Heimat in swingende Musikstücke verwandeln. »Viele ehemalige Sowjetbürger verknüpfen ganz besondere Erinnerungen an [diese] Lieder, denn sie sind mit ihnen aufgewachsen: es sind die Lieder aus den Filmen ihrer Jugend, Musik aus dem Radio auf der Fensterbank, Musik, die von gut gehüteten Schallplatten mit unvermeidlichem Knistern erklang. Die Texte kannte man auswendig und jeder sang sie mit, ganz gleich, ob sie banal oder pathetisch, kitschig oder tief traurig waren.«[16]

Eine wichtige Rolle bei der Wiederaneignung der Musik jener Jahre spielen die populären Filme der 1930er und späten 1950er Jahre wie »Die fröhlichen Jungs« und »Zirkus«, deren Songs zu Schlagern wurden. Dazu gehören nicht zuletzt die Filmkomödie »Karnevalnacht« und die darin angestimmten Lieder – gesungen von der jungen Ljudmila Gurčenko und im Film vom Orchester Eddie Rosners begleitet.[17]

Die postsowjetische Nostalgiewelle ermöglichte mittlerweile sogar eine öffentliche Erinnerung an Eddie Rosner in der russischen Hauptstadt: Auf dem »Platz der Stars« wurde auf Veranlassung der Moskauer Stadtverwaltung am 1. Juni 2005 ein Zeichen des Gedenkens an Eddie Rosner eingefügt, während am selben Tag ein Gedenkkonzert stattfand. Die Moskauer Stadtverwaltung informierte ihre Bürger darüber wie folgt: »Wir erinnern daran, dass Rosner einer der Begründer und Popularisatoren des Jazz in unserem Land in den vierziger Jahren des 20. Jahrhunderts war.«[18] Dass er anschließend zum Gulag-Häftling wurde, fand hingegen keine Erwähnung.

Auch in Minsk, wo Rosners Karriere in der Sowjetunion als Protegé Ponomarenkos ihren Anfang nahm, kehrt der Leiter des ersten *Staatlichen Weißrussischen Jazzorchesters* allmählich wieder in das öffentliche Gedächtnis zurück. Michail Finberg und sein *Staatliches Konzertorchester der Republik Belarus*, die sich als direkte Nachfolger des Rosner-Orchesters verstehen, waren die wichtigsten Protagonisten beim Jazzfestival »Gemeinsam mit Eddie Rosner«, das vom 8. bis 10. Februar 1996 im Minsk stattfand. Bereits 1993 hatten sie an einer Show zum Gedenken an Rosner in Moskau teilgenommen.[19]

Abschließend sei noch erwähnt, dass sich nunmehr auch in Deutschland wieder Jazzmusiker – der älteren wie jüngeren Generation – für Eddie Rosner interessieren. Bereits auf mehreren öffentlichen Veranstaltungen hat Dirk Engelhardt, Berliner Saxofonist und Leiter eines Trios bzw. eines Quartetts, dessen *line-up* oft aus osteuropäischen sowie deutschen Musikern besteht, sein Eddie Rosner-Projekt vorgestellt.[20] In seiner aktualisierenden Adaption der Rosner-Kompositionen wählte Engelhardt sechs Titel aus – drei sind »American Standards«, drei weitere Songs wurden von Rosner selbst komponiert. Für eine geplante Veröffentlichung wurde dazu zunächst eine Demo-CD mit diesen sechs Songs hergestellt.

Im Nachhinein analysiert Engelhardt in einem Essay »Gedanken zum Eddie Rosner Projekt«[21] sein Verhältnis zur Musik Rosners: »Der Umgang mit der Musik von Eddie Rosner war für mich vor allem von zwei grundsätzlichen Aspekten geprägt: Erstens die ›Begegnung‹ mit einem ›Musikerkollegen‹, der in einer anderen Zeitepoche gewirkt hat und der zweitens ein Leben unter den Vorzeichen von Verfolgung und mehrfachem Exil verbracht hat.

Sich mit der Musik eines anderen zu beschäftigen heißt auch immer, sich mit der Zeit auseinander zu setzen, in der er gewirkt hat. Gerade seine Jugendzeit, die Berliner 1920er Jahre, waren als Anfangszeit des Jazz in Deutschland sicherlich außergewöhnlich, da ein völlig neuer Musikstil auf eine nationale oder regionale, noch nicht globalisierte Musikkultur traf. So zählten Eddie Rosner und die Weintraub Synkopators höchstwahrscheinlich zu den ersten Deutschen, die den amerikanischen Jazz aufsogen und auch praktisch umsetzten; gleichzeitig aber handelte es sich hier um Musiker, die in einer damals noch aktuellen europäischen und deutschen Klassik, Spätromantik und in einer Kultur der volkstümlichen Walzer, Polkas und der Berliner Lieder aufgewachsen waren. Es ist immer wieder schwierig und traurig, sich vorzustellen, was es heißt, solchen über die Jahre gewachsenen Strukturen den Rücken kehren zu müssen.

Die Nationalsozialisten haben auch im Bereich des Jazz in Deutschland einen Kahlschlag hinterlassen, der nie wieder repariert werden konnte; die Frage der Authentizität in Bezug auf Herkunft und Tradition, für jeden mir bekannten amerikanischen Jazzmusiker wichtig und gleichzeitig selbstverständlich, ist speziell für deutsche Jazzmusiker bis heute unvermeidlicherweise ein immer wiederkehrendes, schwieriges Thema.«[22]

Bei der Auswahl der Songs, die live vorgetragen bzw. im Studio nachträglich eingespielt wurden, ging Engelhardt chronologisch vor. Zuerst kamen Swing-Stücke der 1930er und 1940er Jahre, dann folgten spätere Rosner-Kompositionen.

»Ein Titel wie ›Vielleicht‹, gesungen in russischer Sprache mit Anklängen an Jazz, Tanzmusik der 1950er Jahre und russische Folklore, wirkt auf mich wie die Parallelwelt eines Max Greger oder eines Hans ›James‹ Last, die ebenfalls in ihrer Anfangszeit als Jazzmusiker tätig waren und die später mit eigenen privaten oder mit staatlichen Rundfunkorchestern die westdeutsche Nachkriegslandschaft mit vom amerikanischen Jazz beeinflusster Unterhaltungsmusik versorgt haben. Das ›Wiegenlied‹ und ›Dich kenne ich nicht‹ sind die Kompositionen, die mir musikalisch am nächsten stehen; man könnte sie, in einer anderen Umgebung aufgenommen, durchaus dem ›Hard Bop‹, einer stilistischen Variante des Modern Jazz, zuordnen. Hier habe ich entweder einen Einleitungsteil hinzugefügt oder mir eine spezielle rhythmische Phrasierung und einen Ablauf für die Improvisation erdacht; mit diesen Titeln konnten wir ohne Probleme machen, was wir auch mit den meisten unserer aktuellen Stücke tun.«[23]

Engelhardts Essay endet mit einer rhetorischen Frage – ebenso, wie auch ein Interview mit dem Saxofonisten Emil Mangelsdorff endete. Die Frage, ob er sich vorstellen könne, mit Eddie Rosner gespielt zu haben, wurde von Mangelsdorff euphorisch mit »Oh, ja, gewiss« beantwortet. Auch Dirk Engelhardt kann sich Eddie Rosner sehr gut in seiner aktuellen Combo vorstellen: »Das große Glück für Eddie Rosner war, ein Leben lang Musik machen zu können; das größte aber, dass er so viele schlimme Situationen überlebt hat. Ob Eddie unsere Version seiner Musik gefallen hätte? Er hätte vielleicht sein ›Horn‹ ausgepackt und mitgespielt!«[24]

Anhang

Anmerkungen

Vorwort (S. 7–9)

1 Pierre Bourdieu: Die biographische Illusion, in: BIOS. Zeitschrift für Biographieforschung und Oral History 1 (1990), S. 75–81.

Der junge Virtuose – Kindheit und Jugend in Berlin (S. 11–41)

1 Es liegen drei Lebensläufe von Rosner vor. Das im folgenden Lebenslauf 1 genannte Schreiben, einseitig, undatiert, unvollständig, ist Teil der Verhandlung im Bezirksamt Kreuzberg von Berlin, Abt. Finanzen, Ausgleichsamt, vom 21. April 1975. Ein zweiter Lebenslauf ist Teil der Entschädigungsakte von Eddie Rosner, zuständig hierfür das Landesamt für Bürger- und Ordnungsangelegenheiten, Abt. 1, Entschädigungsbehörde. Er wird hier Lebenslauf 2 genannt. Die Entschädigungsakte Rosner hat die Reg. Nr. 604 825. Das dreiseitige Schreiben vom 15. Juni 1973 deckt sich fast vollständig mit dem Lebenslauf 1, geht aber zeitlich darüber hinaus. Als Lebenslauf 3 wird schließlich die Verhandlungsniederschrift vor dem Kreuzberger Ausgleichsamt bezeichnet. Verhandelt wurde am 21. April 1975. Im fünfseitigen Lebenslauf 3 sind nur wenige biografische Angaben enthalten, dafür wird penibel den Werten nachgeforscht, die Rosner bei seiner Rückkehr nach Deutschland in der UdSSR lassen musste. Dabei ging es u. a. um ein Moskauer Wohnprojekt, an dem Rosner beteiligt war. Rosner begründete dort ein eigentumsähnliches Verhältnis, das nun von der deutschen Behörde, dem Ausgleichsamt, in seinem Wert begutachtet wurde. Vgl. Berliner Landesamt für Bürger- und Ordnungsangelegenheiten, Abt. 1, Entschädigungsbehörde, Reg. Nr. 604 825.

2 Mike Zwerin: Eddie Rosner Revival: The First Authentic Ghost Band in Russia, in: Culture Kiosque (7.3.2002), www.culturekiosque.com/jazz/portrait/eddierosner.html (15.4.2010).

3 Heiratsurkunde Nr. 502 vom 25. Juni 1895, Berlin, Heirats-Haupt-Register, beglaubigte Kopie vom 28. Juni 1973. Einige Angaben zur Mutter fehlen da-

rin. Berliner Landesamt für Bürger- und Ordnungsangelegenheiten, Abt. 1, Entschädigungsbehörde, Reg. Nr. 604 825.

4 Vladimir Vinogradov: Prervannoe solo na trube, in: Služba bezopasnosti 5/6 (1993), S. 77–80, hier S. 78.

5 Laut Vinogradov nannte Rosner 1922 als Jahr der Emigration in die USA. Alle ausgewerteten Quellen legen jedoch 1932 nahe.

6 Vinogradov 1993, S. 78.

7 Heute befindet sich ein Lebensmittelmarkt im Haus Georgenkirchstraße 5.

8 Eike Geisel (Hrsg.): Im Scheunenviertel, Bilder, Texte und Dokumente. Berlin 1981, S. 130.

9 Gertrud Pickhan / Maximilian Preisler: Interview mit Erika Rosner Kovalick, Warschau 20. August 2007.

10 Maximilian Preisler: Interview mit Valentina Vladimirskaja-Rosner, Berlin 8. März 2010.

11 Interview Erika Rosner Kovalick.

12 Ebd.

13 Lebenslauf 1.

14 www.jazzinstitut.de (2.2.2010).

15 Ebd.

16 »Seine pädagogische Tätigkeit führte ihn vom Konservatorium in Bukarest, über Amsterdam, Philadelphia (Curtis Institute), Berlin (Hochschule für Musik) bis nach Luzern.« Nur die ungarische Staatsangehörigkeit konnte ihn vor der Ermordung durch die Nationalsozialisten bewahren. Vgl. Lexikon verfolgter Musiker und Musikerinnen der NS Zeit, http://cmslib.rrz.uni-hamburg.de (3.3.2010).

17 Dietmar Schenk: Die Hochschule für Musik zu Berlin. Preußens Konservatorium zwischen romantischem Klassizismus und Neuer Musik, Stuttgart 2004, S. 116.

18 Lebenslauf 1.

19 Lebenslauf 2.

20 Ebd.

21 Vgl. Barry Kernfeld (Hrsg.): »Violin« von Matt Glaser und Alyn Shipton, in: The New Grove Dictionary of Jazz, NY 1988.

22 Die Schreibweise der Band variierte. Im Folgenden wird von den *Weintraub Syncopators,* aber auch von den *Weintraubs* die Rede sein.

23 Lebenslauf 2.

24 Knud Wolffram: Tanzdielen und Vergnügungspaläste. Berliner Nachtleben in den dreißiger und vierziger Jahren. Von der Friedrichstraße bis Berlin W., vom Moka Efti bis zum Delphi, Berlin 1992, S. 13.

25 Brief Lothar Lampel vom 6.3.1984 an Horst Bergmeier. Original im Privatarchiv Horst Bergmeier, Kopie bei Maximilian Preisler.

26 http://www.youtube.com/watch?v=G6JMvtqbVf0 (17.4.2010).

27 Jörg Süßenbach / Klaus Sander: Bis ans andere Ende der Welt. Die Geschichte der Weintraubs Syncopators. Arte und WDR, Cine impuls, Berlin 2000.
28 Bonnie Weintraub, in: Süßenbach / Sander.
29 Stefan Weintraub, in: Ebd.
30 Kunstamt Schöneberg (Hrsg.): Orte des Erinnerns. Jüdisches Alltagsleben im Bayerischen Viertel, Band 2, Berlin 1995, S. 86 f.
31 Ebd.
32 Albrecht Dümling: Die Weintraubs Syncopators, in: Jazzzeitung (2006), www.jazzzeitung.de/jazz/2006/09 (3.2.2010).
33 Ebd.
34 Friedrich Hollaender, in: Süßenbach / Sander.
35 Stefan Weintraub, in: Ebd.
36 Der Publizist Volker Kühn, Fachmann u. a. für populäre Musik der 1920er und 1930er Jahre, beharrt darauf, dass Rosner weder in der Band des Films auftrat noch bei den 1930 folgenden Neu-Einspielungen der Songs unter Hollaender dabei war. Rosner sei erst Mitte der 1930er Mitglied der Weintraubs geworden. Das Filmmuseum Berlin – Deutsche Kinemathek besitzt allerdings in seinem Archiv ein in einer Drehpause aufgenommenes Foto, auf dem die *Weintraubs* einschließlich Rosner mit seiner Violine zu sehen sind. Darauf gruppieren sie sich im Halbkreis um Marlene Dietrich, die auf einem Flügel thront. Vgl. www.marlenedietrich.org/pdf/News08.pdf (4.4.2010).
37 Interview Valentina Vladimirskaja-Rosner.
38 Vgl. Süßenbach / Sander.
39 NY Passenger Lists, 1820–1957, www.ancestry.com (20.2.2010).
40 Lotte Köhler (Hrsg.): Hannah Arendt und Heinrich Blücher, Briefe 1936–1968, München 1996, S.41. Gilberts Name taucht an prominenter Stelle im Beiheft von Max Raabes CD »Übers Meer« (2010) auf, die Songs von aus Deutschland vertriebenen Komponisten vereint. Von Gilbert finden sich »Irgendwo auf der Welt« und »Wenn der Wind weht über das Meer« auf der CD. Die Musik hat in beiden Fällen Werner Richard Heymann (1896–1961) geschrieben. Heymanns Lebensweg ähnelt dem von Eddie Rosner: Heymann war Jude; er studierte ernste Musik, ging dann zu Kabarett-Chansons über, hatte große Erfolge mit Kompositionen für Filme in Deutschland und, nach seiner Vertreibung, auch in Hollywood. Nachdem er 1951 zurück nach Deutschland gekommen war, konnte er allerdings, anders als Rosner, an die früheren Erfolge anknüpfen.
41 Lebenslauf 1.
42 Vgl. Süßenbach / Sander.
43 Doris Barger, in: Ebd.
44 Michael H. Kater: Gewagtes Spiel. Jazz im Nationalsozialismus, Köln 1995, S. 83 f.

45 Vgl. Süßenbach / Sander.
46 Brief Stefan Weintraub vom 2.11.1973 an Eddie Rosner, Original bei Valentina Vladimirskaja-Rosner, Kopie bei Maximilian Preisler.
47 Lebenslauf 3.
48 Brief Lothar Lampel vom 6.3.1984 an Horst Bergmeier.
49 Vgl. ebd.
50 Interview Irina Prokofieva-Rosner.
51 Lebenslauf 1.
52 Interview Valentina Vladimirskaja-Rosner.
53 Adi Fischer, in: Süßenbach / Sander.

Von Paris nach Krakau – Erfolge in Europa (S. 42–62)

1 Brief Lothar Lampel vom 6.3.1984 an Horst Bergmeier.
2 Aleksander Landau: Ein As der Jazz Musik: Ady Rosner, in: Krakauer Wochenzeitschrift As (1936). Nachdruck in: Jazz 2 (1971).
3 Ebd.
4 Brief Lothar Lampel vom 6.3.1984 an Horst Bergmeier.
5 Michèlle Bitton: Dictionnaire des femmes juives en France, XIXè–Xxè siècles, www.afmeg.info (25.2.2010).
6 Le Figaro, 2.3.1938.
7 Vgl. Horst Bergmeier: The Weintraub Story. Incorporated The Ady Rosner Story (= Jazzfreund-Publikation, Bd. 16), Johannesburg und Menden 1982; Stephan Wuthe, in: Beiheft zur CD Fud Candrix mit seinem großen Tanzorchester (2005), Vol. 4, Edition Antikbüro. Die beiden Besetzungslisten differieren geringfügig.
8 Vgl. Bergmeier.
9 Sidney Bechet: Treat it Gentle, New York 1960, S. 147.
10 Hugues Panassié: Duke Ellington at the Salle Pleyel, S. 86, in: www.Duke-Ellington-Reader-Mark-Tucker/dp (20.2.2010).
11 Besetzung 1938: Duke Ellington (Klavier), Otto Hardwick, Harry Carney, Johnny Hodges (alle Saxophon), Barney Bigard (Klarinette), Cootie Williams, Rex Stewart (beide Trompete), ›Tricky Sam‹ Nanton, Lawrence Brown (beide Posaune), Sonny Greer (Schlagzeug).
12 Vgl. www.jewish-theatre.com (6.1.2010).
13 Vgl. Joe Rappaport, in: Beiheft zur CD, gefilte fish, München 2009, S. 9ff.
14 Henry Wars, eigentlich Henryk Warszawski, nannte sich in Hollywood Henry Vars, komponierte u.a. in den 1970er Jahren die Musik für die Fernsehserien »Flipper« und »Daktari«. Eine bizarre Nazi-Propaganda-Version des Lieds entstand ebenfalls, mit »Charlie and his Orchestra«.
15 Stephan Wuthe.

16 Ebd.

17 Vgl. Jazz, 6/118 (1966), S. 6.

18 Ein ähnliches Schicksal wie Rosner und van Kleef mussten auch Roman Martin und Coco Schumann erleiden. Roman Martin wurde im Januar 1944 von Westerbork nach Theresienstadt deportiert, hier spielte er Klavier und leitete die Ghetto Swingers. Der Jazzpianist Roman Martin und der Schlagzeuger (eigentlich Gitarrist) Coco Schumann waren die einzigen Musiker der Band, die das Grauen überlebten. Vgl. auch Coco Schumann: Der Ghetto-Swinger, München 1997. Grundlegend dazu: Guido Fackler/Martin Weinman (Hrsg.): Musik und bildende Kunst in nationalsozialistischen Lagern. Eine kommentierte Bibliographie, unter: http://www.opus-bayern.de/uni-wuerzburg/volltexte/2009/337 (14.3.2010).

19 www.max-ehrlich.org (29.3.2010).

20 Ebd.

21 Volker Kühn (Hrsg. und Regisseur): Totentanz – Kabarett im KZ (CD, DVD und Beiheft), Hessischer Rundfunk 1990, hier: Beiheft, S. 29.

22 Die Angaben zu Maurice van Kleef stammen von Guido Abuy, Gedenkstätte Westerbork.

23 Vgl. http://claude.torres1.perso.sfr.fr/Pays-Bas/Westerbork/HumorUndMelodie.html (29.3.2010).

24 Kühn, S. 20.

25 William A. Shack: Harlem in Montmartre, Berkeley und Los Angeles 2001, S. 95.

26 Mike Zwerin: La Tristesse de Saint Louis. Swing under the Nazis, London 1985, S. 140.

27 Shack, S. 93 f.

28 Vgl. Ida Kaminska: My Life. My Theater, New York und London 1973, S. 79.

29 Vgl. Michail Steinlauf: Kaminski Family, in: The YIVO Encyclopedia of Jews in Eastern Europe, Vol. 1, New York 2008, S. 855ff.

Dichtung und Wahrheit – Rosner im Zweiten Weltkrieg (S. 63–86)

1 Vgl. Ruth Turkow Kaminska: Mink Coats and Barbed Wire, London 1979, S. 1–7.

2 Vgl. ebd., S. 85–89.

3 Ebd., S. 94.

4 Ebd., S. 10.

5 Vgl. ebd., S. 101.

6 Vgl. ebd., S. 9. Die junge Ruth Kaminska war zu diesem Zeitpunkt nach eigenem Bekunden politisch noch links eingestellt. Auch ihre Mutter schreibt

in ihren Erinnerungen: »We were liberated people who had just escaped the greatest peril and were now standing on safe ground.« (Ebd., S. 108.)

7 Dariusz Michalski: Powróćmy jak za dawnych lat. Historia polskiej muzyki rozrywkowej lata 1900–1939, Warschau 2007, S. 754.

8 Zitiert nach S. Frederick Starr: Red and Hot. Jazz in Russland 1917–1990, Wien 1990, S. 46. Diese Monografie ist die erste Studie über den sowjetischen Jazz in einer westlichen Sprache und bis heute ein Standardwerk, in dem allerdings der Jazz in den USA als Maßstab dient und die spezifische Bedeutung des Jazz unter den Bedingungen des Staatssozialismus zu wenig Beachtung findet.

9 Zitiert nach Martin Lücke: Jazz im Totalitarismus. Eine komparative Analyse des politisch motivierten Umgangs mit Jazz während der Zeit des Nationalsozialismus und des Stalinismus, Münster 2004, S. 128.

10 Vgl. Estrada v Rossii, XX v. Enciklopedia, Moskva 2004.

11 Siehe dazu ausführlicher Mathias Stadelmann: »O, wie gut ist es, im sowjetischen Land zu leben«. Unterhaltungskultur als gesellschaftliches Integrationsmoment im stalinistischen Regime, in: Geschichte und Gesellschaft 30 (2004), S. 73–93.

12 Zitiert nach Lücke, S.147.

13 Vgl. Jakob Basin: Eddi Rozner, Muzyka i t'ma (Musik und Finsternis) http://www.nestor.minsk.by//jz/articles/1997/03/jz0310.htm, 8 Teile, ohne Seitennummerierung, hier: Teil 1 (30.3.2010).

14 Vgl. Jurij Cejtlin: Vzlety i padenija velikogo trubača Eddi Roznera, Moskva 1993, S. 12.

15 Basin, Teil 6.

16 Turkow Kaminska, S. 19. Ihre Einschätzungen der sowjetischen Politiker Ponomarenko und Chrustschow, die das Ehepaar während des Krieges beide persönlich kennenlernte, weichen deutlich voneinander ab: Während sie das eher bäuerliche Auftreten Chrustschows rügt und gleichzeitig vermerkt, dass dessen Kinder als »stiljagi« zu den sowjetischen Jazzfans gehörten, bescheinigt sie Ponomarenko ein »staatsmännisches« Auftreten (ebd. S. 42).

17 Vgl. Basin, Teil 2.

18 Estrada v Rossii, S.765.

19 G. Šneerson: Zametki o džaze, in: Sovetskoe iskusstvo, 31.8.1940.

20 Ebd. Auch andere Hautstadtkulturzeitungen wie z. B. *Teatral'naja nedel'ja* berichteten über die Auftritte Rosners in der *Ermitaž*.

21 Ebd.

22 Turkow Kaminska, S. 30.

23 Ebd., S. 38.

24 Vgl. ebd., S. 160–169.

25 Cejtlin, S. 12.

26 Vgl. Michalski, S. 764.
27 Basin, Teil 4, o. S.
28 Vgl. Cejtlin, S. 12f.
29 Vgl. ebd., S. 13ff.
30 Vgl. Turkow Kaminska, S. 58; Cejtlin, S. 16.
31 Vgl. Turkow Kaminska, S. 70f., Cejtlin, S. 25ff.
32 Vgl. Basin, Teil 6.
33 Michalski, S. 760.
34 Vgl. Cejtlin, S. 33.
35 Diese Sätze finden sich einem Manuskript Zelenskijs, das sich im Russischen Staatlichen Archiv für Literatur und Kunst befindet (f 1604 Zelenskij Kornelij Ljucianovič, op. 1, d. 57, stat'i 1945 g). Die Kopie des Manuskripts wurde freundlicherweise von Frau Inna Klause zur Verfügung gestellt.
36 Vgl. ebd.
37 Jelena Groševa: Pošlost' na estrade, in: Izvestija, 18.8.1946.
38 Kaminska, S. 198.
39 Maximilian Preisler: Interview mit Emil Mangelsdorff, 28.4.1994, zitiert im Feature »Von Hitler vertrieben, von Stalin verfolgt. Das Leben des Jazzmusikers, Komponisten und Dirigenten Eddie Rosner«, Deutschlandfunk 22.7.2005.

Tiefer Fall – ein Jazzmusiker im Gulag (S. 87–103)

1 Arnol'd Volyncev: Eddi Rozner, in: Džazovye portrety, Moskau 1999, S. 28–32, hier S. 30.
2 Umfangreiche und detaillierte Dokumentationen wie auch weiterführende Literatur zum Gulag liefert die Website der deutschen Memorial-Organisation unter www.gulag.memorial.de (02.06.2010). 2003 erschien die mit dem Pulitzer-Preis ausgezeichnete Darstellung der amerikanischen Publizistin und Osteuropa-Expertin Anne Applebaum: Der Gulag, Berlin 2003. Einen umfassenden Überblick bietet auch Oleg Khlevniuk: The History of the Gulag. From Collectivization to the Great Terror, New Haven, London 2004.
3 Zusammenfassend dazu siehe Irina Scherbakova: Gefängnisse und Lager im sowjetischen Herrschaftssystem, in: Deutscher Bundestag (Hrsg.): Gesamtdeutsche Formen der Erinnerung an die beiden deutschen Diktaturen und ihre Opfer (= Materialien der Enquete-Kommission »Überwindung der Folgen der SED-Diktatur im Prozeß der deutschen Einheit«, 13. Wahlperiode des Deutschen Bundestages), Bd. 6, Baden-Baden 1999, S. 567–622, hier S. 590–605.
4 Vgl. Warlam T. Schalamow: Durch den Schnee. Erzählungen aus Kolyma,

Bd. 1, Berlin 2007; ders.: Linkes Ufer. Erzählungen aus Kolyma, Bd. 2, Berlin 2008. Siehe dazu auch: Das Lager schreiben. Varlam Šalamov und die Aufarbeitung des Gulag (= Osteuropa 57, Heft 6), Berlin 2007.

5 Vgl. Inna Klause: Musik per Verordnung. Offizielles Kulturleben in Stalins Zwangsarbeitslagern, in: Das Lager schreiben (= Osteuropa 57, Heft 6), Berlin 2007, S. 301–313; dies.: Häftlingstheater in sowjetischen Zwangsarbeitslagern der Stalinzeit. Ausbruch aus dem Alltag und Schaffung einer neuen Alltäglichkeit, in: Plurale. Zeitschrift für Denkversionen, Heft 7 (2008), S. 153–180.

6 Vgl. Turkow Kaminska, S. 87–213.

7 Kaminska, S. 184 f.

8 Vgl. Turkow Kaminska, S.138 f., S. 170–190.

9 Vgl. Evgenij Berling: Bylinka pod sapogom, in: Region (Magadan), 4.9.1998, S. 1 ff. und 11.9.1998, S. 3; Aleksandr Kozlov: Po ėtapu i dobroj vole, in: Magadanskaja pravda, 10.2.1998, S. 3; ders.: »Zolotaja truba« virtuoza, in: Večernij Magadan, 26.5.2000, S. 7; Michail Petrov: Ėddi Rozner na Kolyme, in: Magadanskaja pravda, 15.11.1995, S. 3; ders.: Proščaj navsegda, Kolyma …, in: Muzykal'naja žizn' 1 (1994), S. 18; L. D. Ron'žina (Hrsg.): Zolotaja truba. Žizn' i tvorčestvo Ėddi Roznera, Magadan 1998; Vladimir Vinogradov: Maėstro iz Berlina, in: Nezavisimaja gazeta, 12.7.1996, S. 5; ders.: Prervannoe solo na trube, in: Služba bezopasnosti 5/6 (1993), S. 77–80. Kopien dieser Artikel stellte Frau Inna Klause (Göttingen) freundlicherweise zur Verfügung.

10 Vgl. Kozlov 2000, siehe auch handschriftliche Notizen Eddie Rosners, Entschädigungsakte Adolf Rosner, Reg. Nr. 604 825. Rosner selbst gibt dort an, bereits im Juni 1951 nach Magadan gekommen zu sein, während der Historiker Kozlov festhält, dass die Anordnung zur Verlegung Rosners in das Sevvostlag im September 1951 unterzeichnet wurde, Rosner dort jedoch erst im Juli 1952 angekommen sei. Vgl. Kozlov 1998.

11 Vgl. Kozlov 1998.

12 Zitiert nach Vinogradov 1998.

13 Vgl. ebd.

14 Vgl. Vinogradov 1996.

15 Vgl. Kozlov 2000.

16 Vgl. Handschriftliche Notizen Eddie Rosners, Entschädigungsakte Adolf Rosner, Reg. Nr. 604 825

17 Applebaum, S. 190 ff.

18 Vgl. http://www.gulag.memorial.de/lager.php?lag=284 (14.3.2010).

19 Vgl. Interview Irina Prokofieva-Rosner.

20 Vgl. http://www.gulag.memorial.de/lager.php?lag=254 (14.3.2010).

21 Zitiert nach Petrov 1995.

22 Vgl. Michalski, S. 772.

23 Zitiert nach Petrov 1995.
24 Applebaum, S. 196f.
25 Zitiert nach ebd., S. 188.
26 Vgl. http://www.gulag.memorial.de/lager.php?lag=232 (14.3.2010).
27 Vgl. Klause 2008, S. 160.
28 Vgl. ebd., S. 172–176.
29 Zitiert nach Klause 2007, S. 313.
30 Vgl. Cejtlin, S. 46.
31 Zitiert nach Petrov, 1995.
32 Peter Lange: Interview mit Marina Bojko. Es wurde freundlicherweise von Peter Lange, Deutschlandradio, zur Verfügung gestellt.
33 Vgl. Cejtlin, S. 46.
34 Vgl. Interview Erika Rosner Kovalick.
35 Boris B. Savčenko: Kumiry zabytoj estrady, Moskva 1992, S. 164–169, hier S. 164.
36 Zitiert nach Petrov 1995.
37 Juri Saulski: Wieczny tułacz, in: Jazz-Forum 119 (1989), S. 21–26, hier S. 23.

Der Entertainer – Tauwetter auch für Jazzmusiker (S. 104–127)

1 Vgl. Turkow-Kaminska, S. 214–252.
2 Vgl. ebd., S. 239.
3 Vgl. Interview Marina Bojko.
4 Vgl. Turkow-Kaminska, S. 242.
5 Cejtlin, S. 40.
6 Ebd., S. 39.
7 Vgl. Estrada v Rossii, S. 659f.
8 Vgl. Saulski, S. 21–26.
9 Vgl. Cejtlin, S. 45.
10 Ausführlicher siehe Martin B. Duberman: Paul Robeson. A Biography, New York 1989.
11 Dieser Begriff geht auf Winston Churchill zurück, der ihn bereits 1946 prägte.
12 In der Akademie der Künste in Berlin befindet sich ein umfangreicher Archivbestand zu Paul Robeson.
13 Cejtlin, S. 44.
14 Ebd.
15 Ebd., S. 45.
16 Vgl. Estrada v Rossii, S. 362f.; Saulski, S. 22.
17 Estrada v Rossii, S. 683f.
18 Kim Murphy: Red Hot with a Blue Note. Russias Answer to Count Basie

celebrates 70 years of performing music that the Soviet Union couldn't repress: Amerikanyky dzhazz, in: Los Angeles Times, 3.3.2004, http://www.pulitzer.org/archives/6906, (22.1.2010).

19 Ebd.

20 Cejtlin, S. 59.

21 Lexikon des internationalen Films, Bd. 2, Frankfurt a. M. 2002, S. 2316.

22 Cejtlin, S. 54.

23 Vgl. ebd.

24 Vgl. Molodež mira 8–9 (1957), S. 27–32.

25 Vgl. ebd. S. 56 ff.

26 Saulski, S. 24.

27 Ebd., S. 22.

28 Vgl. ebd., S. 24.

29 Kaminska, S. 190, 231 f.

30 Interview Erika Rosner Kovalick.

31 Vgl. Kamilla Kudrjavceva: Kak ja rabotala v orkestre Eddi Rosnera, http://www.proza.ru/2006/12/01-306/ (4.12.2009).

32 Vgl. Interview Irina Prokofieva-Rosner; Interview Erika Rosner Kovalick.

33 Vgl. Interview Marina Bojko.

34 Verhandlungsniederschrift, Bezirksamt Kreuzberg von Berlin, Abt. Finanzen, Ausgleichsamt, Az, Agl. 22 – A 6 V 17165, S. 3.

35 Vgl. Kudrjavceva.

36 Saulski, S. 25.

37 Dies gab er in einem Interview an, das er 1966 der polnischen Zeitschrift Jazz in Warschau gab, siehe Eddie Rozner. Po 26 latach w Warszawie, in: Jazz 6/118 (1966), S. 6.

38 Vgl. Penny M. von Aschen: Satchmo Blows up the World. Jazz Ambassadors Play the Cold War. Cambridge, Mass. London 2004, S. 92–120.

39 Ebd., S. 111.

40 Vgl. ebd., S. 118 f.

41 Interview Valentina Vladimirskaja-Rosner.

42 Vgl. Cejtlin, S. 60.

43 Vgl. Volyncev, S. 32.

44 Vgl. Saulski, S. 25.

45 Kudrjavceva.

46 Vgl. Kozlov, Po etapu.

47 Berling: Bylinka. 11.9.1998, S. 3

48 Eddie Rozner. Po 26 latach w Warszawie.

49 Cejtlin, S. 60.

50 Vgl. Estrada v Rossii, S. 312 f.; Gertrud Pickhan: Interview mit Anatolij Kroll, Moskau 12.6.2008.

51 Ein Ausschnitt ist in dem Film »The Jazzman From The Gulag« zu sehen.

52 Seit Ende der 1960er Jahre stieg die Zahl der ausreisewilligen Minderheitenangehörigen in der Sowjetunion insgesamt dramatisch an. Zwischen 1971 und 1980 verließen rund 347.000 Juden, Deutsche und Armenier das Land. Ausführlich dazu siehe Kerstin Armborst: Von der Petition zum offenen Protest. Die wachsenden Emigrationsbemühungen sowjetischer Juden in den 1070er Jahren, in: Julius Schoeps/Karl E. Grözinger/Willi Jasper/Gert Mattenklott (Hrsg.): Russische Juden und Transnationale Diaspora (= Menora. Jahrbuch für deutsch-jüdische Geschichte, Bd. 15), Berlin 2005, S. 43–73.
53 Vgl. Von Eschen, S. 185–222.
54 Vgl. Interview Erika Rosner Kovalick.
55 Kudrjavceva.

In Berlin – eine Heimkehr in die Fremde (S. 128–143)

1 Entschädigungsakte Adolf Rosner.
2 Ebd.
3 Ebd.
4 Ebd.
5 Ebd.
6 Ebd.
7 Ebd.
8 Weitere soziale Leistungen konnten etwa Sterbe- und Bestattungsgeld umfassen oder auch ein zusätzliches Bett, wie im Fall Rosners, als Valentina, die Tochter seiner Frau Halina, ebenfalls aus der UdSSR ausreiste.
9 Interview Valentina Vladimirskaja-Rosner.
10 Entschädigungsakte Rosner.
11 Verhandlungsniederschrift, 21.4.1975, Bezirksamt Kreuzberg von Berlin, Az: AGL 22 A6V17 165.
12 Verhandlungsniederschrift, 21.4.1975.
13 Maximilian Preisler: Interview mit Lutz Adam, Berlin, 10.2.1994.
14 Interview Lutz Adam.
15 Interview Lutz Adam.
16 Eddie Rosner: Das Land der unbegrenzten UNmöglichkeiten, o. J, o. O., in: Entschädigungsakte Rosner.
17 Rosner: Das Land der unbegrenzten UNmöglichkeiten.
18 Brief Steps Weintraub an Eddie Rosner vom 2.11.1973.
19 Brief Lothar Lampel aus San Francisco an Horst Bergmeier, ohne Datum.
20 Eine unveröffentlichte Demo-Kassette, o. O. und o. J., enthält 15 Songs von Eddie Rosner aus der Zeit zwischen 1973 und 1976.
21 Interview Irina Prokofieva-Rosner.

22 Vgl. ebd.
23 Vgl. Interview Erika Rosner Kovalick.
24 Brief Lothar Lampel an Horst Bergmeier, vom 30.12.1983.
25 Vgl. Interview Valentina Vladimirskaja-Rosner. Bis zum Sommer des kommenden Jahres scheint es aber eine berufliche Zusammenarbeit gegeben zu haben. Am 24.7.1974 schrieb der Hermann Schneider Musikverlag aus Wien einen Brief an Eddie Rosner und erteilte ihm die Genehmigung, für den Musiktitel »Ein Druck Ein Schrei« eine musikalische Neufassung sowie einen Spezialtext zu verfassen.
26 Philipp Gessler: Die Frau mit der Leiter, in: taz, 15.5.2007. Vgl. auch Maximilian Preisler: Gespräche mit Helga Simon, Berlin 23.2.2010, 9.3.2010.
27 Gessler.
28 Ebd.
29 Interview Lutz Adam.
30 Vgl. Interview Valentina Vladimirskaja-Rosner; Interview Irina Prokofieva-Rosner.

Eddie Rosner – Die Nachgeschichte (S. 144–153)

1 Mike Zwerin.
2 Ebd.
3 Aleksej Batašev, zitiert nach ebd.
4 Gertrud Pickhan / Maximilian Preisler: Interview mit Volker Kühn, Berlin 2008.
5 Batašev: www.jazzhouse.org/files/bathsev1php3 (28.3.2010).
6 Ebd.
7 Ebd.
8 Ebd.
9 Batašev: www.jazzhouse.org/files/bathsev1php3 (28.3.2010).
10 Ebd.
11 Gertrud Pickhan und Maximilian Preisler: Interview mit Aleksej Batašev, Moskau 12.6.2009.
12 Ebd.
13 Produziert von Cine Impuls, Berlin 2000.
14 Vgl. CD Unerwünschte Musik – Originalaufnahmen 1936–1939, Pumpkin Pie Records, Knud Wolfram, Berlin 1999.
15 Juri Artamanov, CD »Moskauer Fenster«, Wonderland Records, Osnabrück 2008.
16 Ebd.
17 Vgl. ebd.
18 http://ddms.mos.ru/detail.aspx?d=27&dr=386276 (04.12.2009).

19 Vgl. Basin, Teil 8.

20 Vgl. Maximilian Preisler (Vortrag): Von Hitler vertrieben, von Stalin verfolgt. Die Geschichte des Jazzmusikers Eddie Rosner mit Konzert: Dirk Engelhardt Quartett spielt Eddie Rosner, Landeszentrale für politische Bildung Thüringen in Jena (13.11.2007), Klostergalerie in Zehdenick (8.11.2008) sowie Berliner Jazz Club b-flat (9.11.2008).

21 Vgl. Dirk Engelhardt: Das Eddie Rosner Projekt, Berlin 2010, unveröffentlicht.

22 Ebd.

23 Ebd.

24 Ebd.

Abbildungsnachweis

Drechsel, Karl-Heinz S. 10, 145
IPR media group Umschlagseite vorn, 17, 25, 47, 99, 115
Preisler, Maximilian 31, 45, 139, 141
Rosner Kovalick, Erika 23, 61, 75, 85, 107/Umschlagseite hinten, 109, 117
Vladimirskaja-Rosner, Valentina 77, 119, 121, 125, 126
Wuthe, Stephan 49

Die Autoren

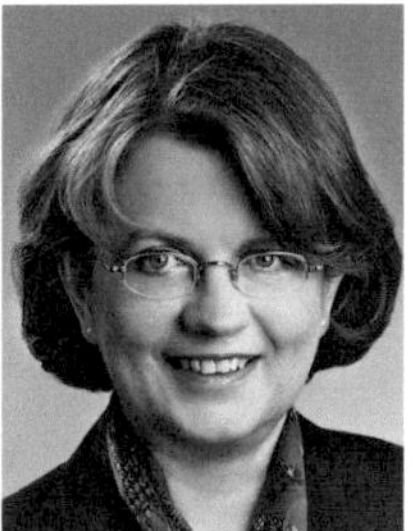

Gertrud Pickhan
Prof. Dr., Studium der Geschichte, Slawistik und Erziehungswissenschaften in Münster, Wien und Hamburg. Seit 2003 ist sie als Professorin an der FU Berlin tätig und forscht über die historische Kulturlandschaft Ost- und Ostmitteleuropas.

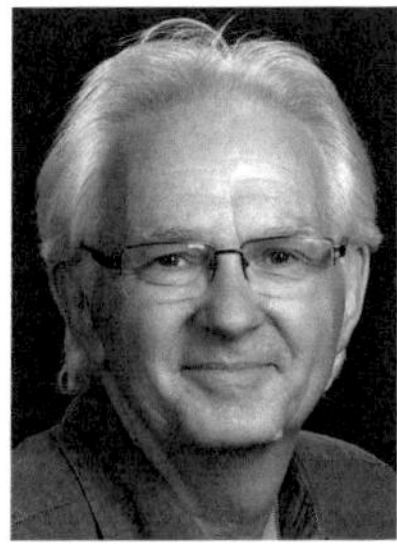

Maximilian Preisler
Studium der Amerikanistik und Politologie in Frankfurt am Main. Freier Journalist und Autor, Schwerpunkte Musik und Literatur.